도쿄

나 홀로 산책

aruco

이번 휴일도
언제나와 같은 정해진 코스?

'모두 가는 것 같으니까'
'왠지 인기 있는 것 같으니까'
일단 찜해두자.
하지만 정말로 그런 것만으로 괜찮을까?

겨우 얻어낸 휴일이잖아.
이왕이면 평소와는 조금 다른,
소중한 하루를 만들고 싶지 않아?

『aruco』는 그런 당신의
'작은 모험' 심을 응원합니다!

여성 스태프 사이에서 비밀로 해두고 싶었던 감춰둔 장소와 대박 점포를
과감하게, 듬뿍 소개합니다!

안 가면 후회하게 될 머스트 명소 etc. 는
다른 사람보다 한층 더 즐길 수 있는 법을 알려드립니다!

더욱더
새로운 놀라움과 감동이
우리를 기다리고 있다.

'도쿄에서 이런 걸 하고 왔다구♪'
친구에게 자랑할 수 있는 체험이 가득합니다.

자, "나만의 도쿄 나 홀로 스팟"을 발견하러
작은 모험을 떠나자!

aruco 에는 당신의 작은 모험을 서포트하는 미니 정보를 가득 흩뿌려 놓았습니다.

어떤 모험으로 할까?

책 읽는 것에 특화한 점포 요금

aruco 스태프의 독자적 조사로 들어가기 쉬운 정도와 편안함 정도, 나 홀로 비율 등을 종합한 '나 홀로 정도'를 각 스팟에 게재.

특집에서 다 소개하지 못했던 솔로 스팟과 나 홀로 산책을 만끽하는 테크닉, 비법을 전수!

알아 두면 이해가 깊어지는 정보, 조언 etc 를 알기 쉽고 간단하게 정리하였습니다.

오른쪽 페이지의 아래쪽에는 편집부의, 왼쪽 페이지 아래쪽에는 주로 여행을 좋아하는 여성 여러분의 입소문 정보를 게재하였습니다.

환상적인 배 여행

필요 시간	저녁(계절에 따라 다름)
예산	5500엔

☆ 추위 대책 & 준비를 철저히
겨울의 방한 대책은 필수, 배의 2층은 오픈 갑판이므로 다운 등을 챙겨 입고, 무릎담요와 핫팩 등을 가지고 가는 것도 권장한다. 뱃멀미를 하는 사람은 멀미약도 챙기는 게 좋다.

작은 모험 플랜에는 대략적 예산과 소요 시간, 조언 등을 알기 쉽게 정리했습니다.

■ 발행 후 정보 갱신과 정정에 대하여
발행 후에 변경된 게재 정보는 "지구를 걷는 방법" 홈페이지 '갱신·정정 정보' 에서 가능한 한 안내하고 있습니다(호텔, 레스토랑 요금 변경 등은 제외). 여행 전에 이용하십시오.
URL www.arukikata.co.jp/travel-support/

가게 정보 아이콘

🏠	····· 주소		예	·····	예약 필요성
☎	····· 전화번호		교	·····	교통 접근성
🕐	····· 영업시간, 개관시간		URL	·····	웹사이트 주소
휴	····· 휴관일, 정기휴일		인	·····	인스타그램
요	····· 요금, 예산		✉	···	메일 주소

Map 의 주요 마크

★	····· 볼만한 곳		S	·····	숍
R	····· 레스토랑 & 바		H	·····	호텔
C	····· 카페		B	·····	뷰티 & 스파

이 책은 2021년 12월 ~ 2022년 3월의 취재에 바탕하고 있는데, 기재된 영업시간과 정기휴일은 평상시의 것입니다. 특별한 기재가 없는 한, 게재 요금은 소비세가 포함된 총액 표시입니다.
신종 코로나바이러스 감염증 대책의 영향으로 영업시간 단축과 임시 휴업 등이 실시되어 크게 바뀌는 경우가 있으므로 최신 정보는 각 시설의 웹사이트나 SNS 에서 확인하십시오.
또한 게재 정보에 의한 손실 등의 책임을 당사는 지지 않으므로 이 점 양지해 주십시오.

도쿄의 나 홀로 장소에서 작은 모험!
얘들아, 어디 갈래? 뭐 할래?

도쿄에는 나 홀로 시간을 즐길 수 있는
장소가 가득!
나 홀로 LOVER 도 납득할 수 있는 체험을
픽업♡
팍 꽂힌 것에는
동그라미로 표시해 두자!

여심을 자극하는 모닝 메뉴로
일찍 일어나기를 즐겨보자♡
P.22
→

머리를 텅 비우고
마음 & 몸을 해독
P.24
→

SF 세계에 들어온 건가?
공장 야경의 늪에 다이빙!
P.3

담뿍 나 홀로 시간에 잠기자
이것은 꼭 하고 싶다 ! 먹고 싶다 ! 사고 싶다 !

이런 책장, 집에도 있었으면 ~ ♡
상상력을 부풀려주는 BOOK 스팟

P.38
→

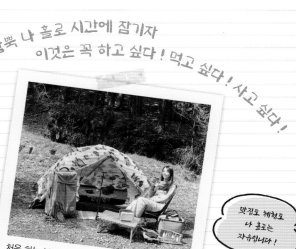

처음 하는 본격적인 느슨한 솔로 캠핑,
프로에게 배우자 ♪

P.42
→

맛집도 체험도
나 홀로는
자유입니다 !

이런 날을 기다렸습니다 !
○이 솟아나는 행복한 나 홀로 고기

P.50
→

달콤한 디저트의 유혹에
혼자서는 이길 수 없습니다 !

P.64
→

자택에서도 셀프케어할 수 있는
한방차 & 공예차의 심오함을 배운다

P.74
→

로용 사우나 & 효소 목욕에서
방적인 기분으로 Let's 온천 활동 ♪

P.80
→

미니어처 테마파크에서
마음껏 사진 찍고 즐기자 ♡

P.92
→

오늘만은 나의 집 !
클래식 호텔 스테이

P.112
→

Contents

Let's go!

맛집 　뷰티 　볼 만한 곳 　산책 　숙박 　정보

3분만에 알 수 있다! 도쿄 간단 지역 내비

솔로로 즐길 수 있는 장소가 속속 등장해 도쿄는 점점 진화 중!
충실한 나 홀로 라이프를 보내기 위해서 추천 지역을 퀵 내비

Area Navi

주요&주목 지역 check!

aruco 추천 솔로의 성지
오모테산도 · 시부야   P.100

쇼핑도 즐거운 트렌드 타운. 카운터석이 있는 가게와 솔로용 메뉴가 있어 산책 도중에 들를 수 있는 장소가 많다.

샤브샤브♪

다양한 테마로 거리 걷기가 가능
오쿠시부야 · 요요기우에하라   P.28

크리에이터와 오너의 센스가 빛나는 엄선된 가게가 즐비. 우아한 아침식사부터 해외를 느낄 수 있는 곳까지 하루 종일 즐길 수 있다.

우에하라上原의 랜드마크

강도 높은 멋쟁이 타운
나카메구로 · 에비스   P.102

맛집과 뷰티 모두 질 높은 상점이 많아 조금 사치하고 싶을 때 방문하고 싶은 지역. 긴장하지 않고 들어갈 수 있는 작은 식당도 충실.

정식을 먹자~!

세타가야선 주변   P.106

레트로 천차에 흔들려서 산책

마음 편한 가게가 많고, 특히 산겐자야~고토쿠지(豪德寺)는 매력적인 상점이 산재. 산겐자야 주변은 거리낌 없이 들어갈 수 있는 술집도 많다.

기치조지 · 니시오기쿠보   P.104

츄오선(中央線) 주변의 개성있는 타운

풍요로운 자연의 이노가시라은사공원(井の頭恩賜公園)이 있으며, 주변에는 테이크아웃 맛집도 충실. 전문 잡화점 및 카운터 디저트를 순례해 보자♪

Welcome to Tokyo

디저트도 대거 소개!

지도 라벨:
- 이케부쿠로 池袋
- 타카다노바바 高田馬場
- 신오쿠보 新大久保
- 가구라자카 神楽坂
- 후쿠토신선
- 마루노우치선
- 유라쿠초선
- 기치조지 吉祥寺 Kichijoji
- 니시오기쿠보 西荻窪 Nishiogikubo
- 青梅 오메
- 三鷹 미타카
- 신주쿠 新宿
- 副都心線
- 센다가야 千駄ヶ谷
- 소부선
- 총무선 総武線
- 요요기우에하라 代々木上原 Yoyogiuehara
- 하라주쿠 原宿
- 시모키타자와 下北沢
- 고토쿠지 豪德寺
- 北参道
- 키타산도
- 青山一丁目 아오야마잇초메
- 中央線 추오선
- 한조몬선 半蔵門線
- 시부야 渋谷 Shibuya
- 산겐자야 三軒茶屋 Sangenjaya
- 代官山 다이칸야마
- 千代田線 치요다선
- 롯폰기 六本木
- 表参道 Omotesando 오모테산도
- 히비야선 日比谷線
- 마루노우치선
- 自由が丘 지유가오카
- 中目黒 Nakameguro 나카메구로
- 恵比寿 Ebisu 에비스
- 目黒 메구로
- 麻布十番 Azabu-juban 아자부주반
- 내선순환 内回り
- 外回り
- 야마노테선 山手線
- 品川 시나가와

8

편리한 터미널역도 check!

신주쿠
승객수 세계 제일의 터미널역. 유니크한 술집과 바, 원격근무, 애프터눈 티 등 뭐든지 이루어지는 메가시티.

이케부쿠로
야마노테센 중에서도 백화점과 극장, 오락시설 등이 가득한 메이저 지역. 큰 공원이 산재해 있어 숲도 많다.

도쿄
역사(驛舍)가 도쿄스테이션호텔(→P.112)이어서 체류하기 편리, 미술관과 상업시설의 레스토랑도 솔로에게 안성맞춤.

반짝반짝 빛나는 유니크한 물건 찾기
구라마에 P.94
물건 만들기가 번성한 거리에서는 오리지널 아이템을 만들거나 셀렉트숍을 순례. 느긋하게 시간을 보낼 수 있는 카페도 놓칠 수 없다.

향수가 느껴지는 번두리 산책
야네센 P.96
고민가와 옛날 그대로의 공중목욕탕을 개조한 명소를 순례. 야나카긴자(谷中銀座) 상점가에서 먹으면서 걷기. 노을이 아름다운 석양을 보고 싶다.

제대의 풍경이 떠도는 어른의 거리
긴자 P.98
전통적인 노포가 모인 거리. 창업 이래 변하지 않는 맛을 즐기고 기념품도 체크. 상업시설의 새로 오픈한 숍에도 주목.

한 손에 음식을 들고 먹으며 걷자
아자부주반 P.62
고급 주택가가 늘어서 있지만, 옛날부터 계속된 역사 있는 점포도 많다. 중심지가 작아 반찬부터 디저트까지 한 번에 완결 가능.

타마(多摩)지역
쇼와 레트로를 찾아보자
오메 P.108
주요 볼거리는 구(舊)오메가이도(青梅街道) 옆에 있어서 걷기 좋다. 카메라를 한 손에 들고 패러디 영화 간판과 버스 정류장 등을 맘껏 찍고 싶다.

도쿄의 섬으로!
니지마 P.110
편도 약 2~3시간으로 갈 수 있으며, 1박 2일이면 만끽할 수 있는 니지마. 렌탈 사이클로 주요 관광 명소를 돌 수 있으므로 운전면허가 없어도 OK!

9

aruco인기 TOPICS

핫한 뉴스를 픽업

나 홀로 사우나 붐 도래! 개별룸 사우나 속속 오픈

지금, 자신의 페이스대로 목욕할 수 있는 개별룸 사우나가 핫하다! 체험 리포트를 소개하고 있는 솔로 사우나 tune(→P.80)도 체크해 보자. 거리낌 없이 온천 활동을 하며 몸과 마음을 정비하자!

2022년 2월 OPEN

1. 아로마수의 뢰일리(수증기)로 상쾌함 넘치는 공간
2. 솔로용 냉탕은 수온 조절도 가능
3. 프레이그런스, 라이트, 음악을 기호에 맞게 선택할 수 있는 스위치

혼자서 즐기는 신감각 사우나
3S ジブンサウナ
스리에스 지분사우나

셀프 뢰일리의 핀란드식 사우나와 15도 전후의 냉탕을 교대로 체험. 편백을 사용한 인테리어로 힐링된다.

100% 나 홀로 적도

Map P.118-B2 노기자카(乃木坂)
🏠미나토구 니시아자부 1-4-22 PRESTIGE 니시아자부 B1F 🕖7:30~23:10(최종 접수 22:10) 🈳연중무휴 💴60분 3900엔 🈯예약 필요 🚇지하철 노기자카역 5번 출구에서 도보 8분

일본 최대급 나 홀로 전용 사우나
SAUNA RESET Pint
사우나 리셋 핀트

개별룸 사우나와 냉탕, 내기욕·외기욕 스페이스를 마련. 서비스층에는 아로마와 명상, 버추얼 여행 체험 등의 방을 구비한 솔로용 시설.

100% 나 홀로 적도

Map P.121-B1 아사쿠사(浅草)
🏠다이토구 아사쿠사 2-6-15 ☎03-3843-1137 🕖7:30~22:00 💴105매 4500엔 (VIP 6600엔) 🈯예약 필요 🚇지하철 아사쿠사역 6번 출구에서 도보 8분

1. 본고장 핀란드 메이커의 사우나 스토브를 설치하여 셀프 뢰일리 가능
2. 9층 건물에 남녀층이 나뉘어 있다.

2022년 7월 OPEN 예정

일본 최초 상륙부터 최애까지 거리 걷기가 즐거운 음료 전문점

스마트폰으로 간단히 주문 & 결제할 수 있는 가게 증가 중! 그중에는 라벨을 좋아하는 글귀로 바꿀 수 있는 서비스도 있으므로 최애 활동에 안성맞춤♡

싱가포르에서 탄생한 커피 전문점
Flash Coffee 表参道店
플래시 커피 오모테산도점

앱으로 주문하고 지불 후에 가게에서 상품을 받는 '그랩 앤 고' 스타일의 점포. 라떼 아트 세계 챔피언이 감수한 개성 있는 메뉴가 많이 있다.

90% 나 홀로 적도

Map P.122-A2 오모테산도(表参道)
🏠미나토구 미나미아오야마 5-6-25 ☎03-3409-8023 🕖8:30~20:00, 토 9:00~19:30, 일 9:00~18:30 🈳연중무휴 🚇지하철 오모테산도역 B1 출구에서 도보 1분

1. 왼쪽부터 미타라시 라떼 550엔, 숏사이즈 리스트레토 270엔, 해외에서도 인기있는 아보카도 라떼 490엔
2. 로고가 들어간 외관에도 주목
3. 2층은 이트인도 할 수 있다.

여는 후르츠라떼
The Label Fruit
라벨 후르츠

우유, 단맛, 토핑뿐 아니라 라벨 디자인을 스마트폰으로 특별주문할 수 있으며, 가게에서 수령하는 드링크 스탠드.

80% 나 홀로 적도

Map P.122-A2 하라주쿠(原宿)
🏠시부야구 진구마에 6-3-5 NC빌딩 1층 🈳없음 🕙10:00~20:00 (주문 가능 시간 7:00~19:50) 🈳연중무휴 🚇지하철 메이지진구마에역 6번 출구에서 도보 1분

선물에 안성맞춤

1. 딸기와 망고 등 5종류 918엔~. 가능한 토핑은 나타데코코와 아몬드 젤리, 과일 추가도 가능
2. 락커에 수령하는 시스템

약 3000종류의 커피를 즐길 수 있다.
TAG COFFEE STAN(D)
109シネマズ二子玉川
태그 커피 스탠드 이치마루큐 시네마즈 후타코타마가와

좋아하는 맛과 라벨 디자인·텍스트를 특별 주문할 수 있는 커피 서비스. 스마트폰으로 사전에 특별 주문할 수 있어 편리!

70% 나 홀로 적도

Map P.117-B3 후타코타마가와(二子玉川)
🏠세타가야구 타마가와 1-14-1 109 시네마즈 후타코타마가와 ☎03-5797-2325 🕙10:00~20:00, 토·일·공휴 9:00~ 🈳시설의 휴일에 준함 🚇도큐덴엔토시선 후타코타마가와역 직결

1. 영화관에도 입하였다.
2. 주문하고 곧바로 오리지널 커피를 받을 수 있다.

혼자이기 때문에 더욱 즐기고 싶은 체험과 거리 걷기에 관련된 최신 뉴스를 엄선해서
내비게이트. 집에서 시간 보내는 아이디어도 참고해 보자☆

작아서 나 홀로 산책에
안성맞춤인 시모키타자와가 진화 중!

2022년 3월 OPEN

볼거리가 모여 있어 걷기 편한 시모키타자와 거리. 2020년에 오픈한 'BONUS TRACK'과 '시모키타센로가이(下北線路街)'를 함께 순례해 보자.

1,2 오리지널 상품이 진열된 내추럴 수퍼 '비오랄 시모키타자와연전점'
3. 서브컬처 타운의 새로운 영화관 '시모키타 에키마에 시네마 K2'

2022년 1월 OPEN

고품질 쿠도 판매 중!

4,5. 파리의 스페셜티 커피 'Belleville Brûlerie'의 일본 1호점이 최초 상륙!

5개 구획으로 구성된 복합 시설
ミカン下北 미칸 시모키타

70% 나 홀로 정도

'환영합니다. 놀이와 일의 미칸(未完) 지대에'를 컨셉으로 아시아 음식부터 시모키타의 유명 상점, 도요백화점(東洋百貨店)과 Bar Fairground를 포함한 약 20개 점포가 있다.

Map P.123-C1 시모키타자와(下北沢)

🏠세타가야구 키타자와 2-11-15 등 ⏰점포에 따라 다름 🅿점포에 따라 다름 🚇케이오이노카시라선 시모키타자와역 근처

1. 타이 여행 기분을 맛볼 수 있는 '타이 야타이 999'
2,3. 도치기(栃木)에서 시작된 크래프트 베이커리 'THE STANDARD BAKERS'
4. 소고기 100%의 본격 미식 버거를 제공하는 'Island Burgers'

차분하게 시간을 보낼 수 있는 개인 라운지
(tefu) lounge 테프 라운지

90% 나 홀로 정도

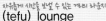

공유오피스와 카페 & 라운지(→P.71), 미니 시어터, 숍을 병설한 복합시설. 렌탈 스페이스에는 기간 한정 POP UP이 개최되는 경우도 있다.

Map P.123-C1 시모키타자와(下北沢)

🏠세타가야구 키타자와 2-21-22 ⏰점포에 따라 다름 🅿점포에 따라 다름 🚇오다큐선 시모키타자와역 남서개찰구 근처

고급 호텔 애프터눈 티를
테이크아웃해 나 홀로 오후 활동♪

약간 허들이 높은 비싼 럭셔리 호텔에서 애프터눈 티를 테이크아웃하면서 나 홀로 릴랙스하면서 즐길 수도 있습니다!

디저트 4종류, 세이버리 3종류를 2개씩, 수제 스콘이 2종류. 내용은 계절에 따라 달라진다.

도쿄에 있는 개인이 되다
ザ ペニンシュラ ブティック&カフェ
더 페닌슐라 부티크 & 카페

90% 나 홀로 정도

호텔 로비에서 먹을 수 있는 애프터눈 티가 '페이지햄 애프터눈 티 박스' 4000엔으로 등장. 사전 웹 예약 가능.

Map P.120-B1 히비야(日比谷)

🏠치요다구 유락쵸 1-8-1 더 페닌슐라 도쿄 B1F ☎03-6270-2888 ⏰테이크아웃 11:00~18:00 🅿연중무휴 🚇지하철 히비야역 A7 출구 직결

우아한 티타임이 가능한 박스
コンラッド東京 トゥエンティエイト
콘래드 도쿄 트웬티에이트

80% 나 홀로 정도

라운지에서 제공하고 있는 애프터눈 티를 테이크아웃 박스(1명 5000엔~)로 가져갈 수 있다. 공식 사이트에서 2일 전까지 예약 필요. 여름철은 실시하지 않는다.

Map P.119-B3 신바시(新橋)

계절에 따라 테마가 바뀌는 아름다운 디저트와 세이버리, 스콘

🏠미나토구 신바시 1-9-1 콘래드 도쿄 28F ☎03-6388-8745 ⏰테이크아웃 12:00~17:00 🅿연중무휴 🚇예약 필요 🚇지하철 시오도메역 9·10번 출구에서 도보 1분

도쿄 나 홀로 산책 ★ 최종 플랜

나 홀로 한정 메뉴와 솔로용 리프레시 체험까지,
솔로 친화적인 장소가 많이 있는 도쿄.
aruco편집부가 엄선한 테마별 플랜으로 충실한 나 홀로 시간을 보내자♪

Plan 01
솔로용 메뉴도 충실!
나 홀로 맛집 만끽 플랜

하루의 시작은 호화로운 모닝 메뉴부터! 오쿠시부야에서 해외의 카페 & 숍을 체크한 후에는 런치, 디저트. 디너도 욕심내자.
체험형 와인숍도 필수.

8:00 '푸르미에메'에서 볼륨 만점 아침밥
P.22,72

근사한
아침식사를
하자

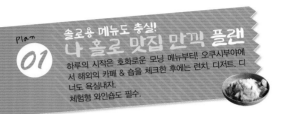

도보
약 8분

10:00 '나타 데 크리스치아노'의
인기 폭발 에그타르트 구입　P.29

도보
약 2분

10:30 'FUGLEN TOKYO'에서 잠시 휴식
P.28,70,72

북유럽식
커피♪

전차나
약 15분

12:00 '프렌치 밥상 Mono-bis'에서
호화 정식을 먹는다!　P.56

베리에이션
풍부한
런치 정식

전차나
약 15분

14:00 'wine@EBISU'에서
와인 테이스팅에 도전
P.68

전차나
약 25분

16:00 '주게츠도(寿月堂) 긴자 가부키자(歌舞伎座)점'
에서 일본식 애프터눈 티를 즐긴다.　P.66

도보
약 10분

19:00 'BISTRO J_O'에서
나 홀로 코스를 맛본다.
P.55

여유 있는
솔로 전용
자리에서

Plan 02

활동적인 휴일을 보내는

충실한 솔로 체험 플랜

활동적인 사람이라면 사경(寫經), 에어리얼 요가, 오리지널 노트 만들기 등 다양한 플랜은 어떨까? 화제의 무라카미 하루키 라이브러리에서 문학의 세계에 빠지는 것도 좋다♪

9:00 '야쿠시지(薬師寺) 도쿄 별원(別院)'에서 조용히 사경(寫經)

P.24

천천히! 정성껏!

전차로 약 40분

11:00 '와세다대학 국제문학관'(무라카미 하루키 라이브러리)
견학 & 카페 타임 P.38

돔형 책장은 압권 와 인스타각

전차로 약 40분

13:00 'Aerial Yoga Studio MANA'의
체험 레슨을 받는다. P.27

초심자도 OK!

전차로 약 40분

15:00 '지유초(自由丁)'에서 미래의 나에게 편지 쓰기
P.71, 95

무엇을 쓸지 고민된다~!

도보 약 3분

16:00 '카키모리'에서 자기만의 노트 만들기
P.34

도보 약 3분

17:00 'a drop. Kuramae'
에서 차 비교 시음

엄선한 찻잎을 사용한 티 타임!

P.17

미니어처가 귀엽다♡

아직도 있다! 추천 플랜

공장 야경 정글 크루즈

1시간 반 동안의 공장 야경 크루즈는 휴일 저녁에 시행하고 있다. 요코하마(横浜)의 피아아카렌가산바시(ピア赤レンガ桟橋)에서 집합하므로 조금 일찍 도쿄에서 출발하도록 하자.
P.92

스몰 월드 TOKYO

미니어처 테마파크는 아리아케(有明)에 있다. 사전에 티켓을 예약하면 원활히 입장 가능. 오픈 직후나 오후 일찍이 권장된다.
P.32

새로운 취미 발견!

13

선물로 한턱 쏘고 싶다!
힐링 은둔 플랜

마음껏 자신을 케어하는 것도 혼자만의 시간을
보내는 방법. 마음도 몸도 아름다워질 수 있는
뷰티 스팟을 샅샅이 순례하여 평소의 스트레스를
날려버리자~!

마음을
우(無)로 하는 시간

11:00 'OFFICINE UNIVERSELLE BULY
다이칸야마(代官山)본점'에서
자연파 화장품 고르기 P.77

모자만 보고도
사고 싶어지는
아이템

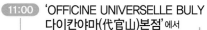

전차
약 15분

도보
약 1분

11:30 'Karunakarala'의
아유르베타 시술로 꿈같은 기분 P.78

오일을
붓습니다

꾸벅꾸벅
잠이 온다!

전차
약 10분

13:00 '약선(藥膳) 레스토랑 10ZEN 아오야
마(青山)점'의 해독 전골로 헬시 런치 P.58

이너
뷰티를
이루자

도보
약 7분

14:00 'Medicha'의 명상으로 상쾌한 기분!
P.25

전차
약 25분

16:00

'BN NAIL'에서
손톱 끝까지 반짝반짝
P.78

전차
약 40분

18:30 '공예차 전문점
긴자 크로이소스'에서
공예차의 세계를 배운다 P.75

외관도
화려하고
아름답다~

전차
약 30분

20:00 '솔로 사우나 tune 가구라자카
(神楽坂)점'에서 해독
P.80

서서히
따뜻해집니다!

자유로운
나의 시간 ♪

언제든 어디서든 당당하게!
나 홀로를 위한
작은 모험 결정판

일찍 일어나 호화로운 아침식사? 밤늦게까지 마음껏 독서?
시간을 신경 쓰지 않고 취미 & 최애 활동의 세계에 몰두하는 것도 즐겁고,
세계 일주, 시치후쿠진(七福神)... 등 자신이 정한 테마로 도쿄를 걷는 것도 즐거운 시간을 보내는 방법.
그런, 나 홀로 시간을 만끽할 플랜을 가득 담았습니다!

작은
모험
①

TOFI

나 홀로를 결심한 3명이 프레젠테이션!
감춰둔 인기 솔로 스팟

매일 충실하게 나 홀로 시간을 보내고 있는 달인들이 추천하는 레스토랑 & 스파를 소개! 수많은 것 중에서 선정된 9건을 체크.

File 1

매일의 피로를 힐링하는
최고의 나 홀로 시간

온천여관 스테이부터 나 홀로 먹는 풀코스까지 철저하게 몰두할 수 있는 3건을 마로(まろ) 씨가 픽업!

달인이 추천하는 점포 순례

| 권장 시간 | TOTAL 1시간 |

권장 시간 : 플랜에 따라
예산 : 2000엔~

🗣 사전 플래닝 & 예약!
이번에 소개한 장소는 모두 인기점이다. 가능한 한 사전에 예약한 후에 방문하도록 하자. 스케줄을 세우는 것도 나 홀로 시간을 즐기는 방법 중 하나♪

▶ ☆ ?

FILE 1 ▶▶ ❤❤❤

사진: Nacasa & Partners

숙박자 한정!
전망에서의
아침식사 풍경

마로 씨's eye
온천과 스파를 즐길 수 있어
힐링하는 나 홀로 휴일을
성취할 수 있다.

1. 혼자서 호화로운 아침밥을 먹을 수 있다.
2. 나무의 온기가 넘치는 디럭스 더블룸
3. 포렴이 걸린 대문에서 온천여관의 분위기가 풍긴다.
4. 스파 트리트먼트 시설 'SOJYU spa'

PROFILE

인플루언서
♥ 마로(나 홀로.) 씨

나 홀로 전문 미디어 '나 홀로'를 Instagram 위주로 운영. 마로 씨가 원안(原案)을 낸, 마키히로치(マキヒロチ)의 만화 "나 홀로 호텔"이 인기 연재 중.
📷 @ohitorigram

좋아하는 나 홀로 시간
호텔과 음식점 등에서 공간을 "독차지"하고 즐기는 것을 좋아합니다.

상점 선택 포인트
차분히 공간을 음미하며 지낼 수 있는 장소인지 여부를 상상해서 고르고 있습니다!

아로마방을
선택할 수 있어요!

SOJYU spa ▷▷▷
'별채'에 있는 스파 트리트먼트 시설. 온천과 함께 당일치기 이용도 가능하며, 아로마 마사지 60분 & 온천 1만 3700엔~(세금·서비스료 포함, 목욕세 별도) 등을 받을 수 있다.

식당 & 다실 ▷▷▷
일본의 제철을 오감으로 맛볼 수 있는 식당 '츠키카게(月かげ)'와, 과거 다이타(代田)에서 다업(茶業)이 성행해서 차를 이용한 메뉴를 갖춘 다실 '츠키카게'. 당일치기 이용 가능

도심에서 나 홀로 온천을 즐길 수 있는

90%
나 홀로 적도

由縁別邸 代田
유엔벳테이 다이타

시모키타자와에 개발된 '시모키타센로가이(下北線路街)'에 탄생. 하코네(箱根) 아시노코(芦ノ湖) 온천의 원천(源泉)에서 끌어온 노천탕을 비롯, 아침·저녁식사를 제공하는 식당과 한숨 돌릴 수 있는 다실 등 본격적인 온천여관이다.

Map P.123-C1 세타가야다이타(世田谷代田)

🏠 세타가야구 다이타 2-31-26 ☎ 03-5431-3101
🕒 IN 15:00 / OUT 11:00
💰 1일 1만 8200엔~ (세금·서비스료 포함, 목욕세 별도)
🛏 35실 금연
🚉 오다큐선 세타가야 다이타역 동쪽 출구에서 도보 30초

80%
나 홀로 정도

시음용 한 잔도 정성껏 만들어 준다. 아름다운 찻잔에도 주목

마로 씨's (eye)
오너의 열린 차 이야기에 빠져들면서 자신이 좋아하는 차를 만날 수 있다.

구라마에의 "은둔처 다실"

a drop. Kuramae
어 드롭 구라마에

구라마에의 우구이스 빌딩에 있는 일본차 셀렉트숍. 클래시컬한 은둔처 같은 점내에서 오너의 열린 차 이야기를 들으면서 새로운 차와의 만남을 즐길 수 있다.

Map P.121-C1 구라마에(蔵前)

🏠 다이토구 구라마에 4-14-11 우구이스빌딩 204
🕐 13:00~19:00,토 · 일 · 공휴 12:00~
🈺 목, 매월 1~15일
🚇 지하철 구라마에역 AO 출구에서 도보 2분

1. 스토리가 가득 담긴 깊은 풍미의 일본차가 즐비
2. 점내의 분위기를 자아내는 레코드도 매력
3. 무심코 포장만 보고 사고 싶어지는 차. 찻잎은 그 자리에서 구입 가능. 50g 810엔~

바와 같은 분위기의 카운터.
비교 시음 workshop 80분 2000엔

1. 커다란 유리창과 오픈 천장이 있어 아름답게 빛이 들어오는 구조로 되어 있다.
2. 의자 등 오리지널 디자인의 인테리어가 아름다운 카페는 입관료 무료
3. 코스에 따라오는 작은 디저트는 계절에 따라 달라진다.

마로 씨's (eye)
아름다운 공간을 구석구석까지 바라보면서 코스요리를 우아하게 맛볼 것을 권장.

겉모습도 아름답고 색채도 풍부

우아하게 맛있는 예술적인 런치

アーティゾン美術館
ミュージアムカフェ
아티존 미술관 뮤지엄 카페

80%
나 홀로 정도

미술관 1층 입구에 있는 카페. 심플하고 정교한 모든 요소에 마음을 빼앗기는 세련된 공간에서 우아하게 코스요리를 즐길 수 있다. 런치는 'A Course' (2000엔~)로 3종류 있다.

Map P.120-B2 쿄바시(京橋)

🏠 추오구 쿄바시 1-7-2 아티존 미술관 1F
☎ 050-5541-8600(안내 대행 서비스)
🕐 뮤지엄 카페 11:00~18:00, 공휴일 제외한 금요일~21:00(전람회 개최 기간에 한함), 미술관 10:00~18:00, 공휴일 제외한 금요일~20:00(최종 입장은 폐관 30분 전)
🈺 월(공휴일인 경우는 다음 날). 연말연시, 전시 교체 기간(뮤지엄 카페는 월요일을 제외하고 영업)
🚇 JR 도쿄역 야에스 중앙 출구에서 도보 5분

계절에 따라 바뀌는 전채. 사진은 '칼리플라워 플랑'

미술관도 CHECK ▷▷▷
2020년에 새롭게 개관.
약 3000점의 컬렉션 소장.
아티존 미술관 개관 기념전
'보이는 풍경 컬렉션의 현재지' 전시 풍경(2020년)
촬영: 키오쿠 케이조(木奥恵三)

버섯에 둘러싸인 납작면
'성게 파스타'

File 2

온천 & 맛집에서 리프레시 체험

혼자서 술을 마실 수 있는 장소와 온천을 책에서 소개하고 있는 츠키야사 모모(月山もも) 씨가 알려주는 타마(多摩)지역의 힐링 장소 3선.

PROFILE

블로거
♥ 츠키야마 모모 씨

블로거. 2016년부터 시작한 블로그 '산과 온천의 기록'이 3년간 1000만 PV를 넘었다. 저서 '나 홀로 술, 나 홀로 온천, 나 홀로 산' (→P.124).
(URL)www.yamaonsen.com

좋아하는 나 홀로 시간
온천여관에 숙박하는 것을 좋아한다. 산록의 온천여관을 순례하는 중에 등산도 시작하게 되었다.

상점 선정 포인트
휴식시간 없이 영업하는 상점은 런치와 디너 중간 시간이라면 들어가기 쉽습니다.

츠키야마 씨's eye
코스 메뉴의 종류가 풍부하므로, 나 홀로 풀코스를 즐길 수 있다!

일품 리조또 ▷▷▷
츠키야마 씨 추천 '트뤼프 리조또' (1320엔)는 투명한 필름에 싸인 상태로 제공된다. 따로 제공되는 얇게 썬 트뤼프를 넣어 섞은 다음에 먹는다.

테이블에서 직접 섞는 즐거움도 ♪

향기로운 리조또 완성!

디너 메뉴
'프랑스산 소안창살 스테이크' 1980엔

소재를 가볍게 즐길 수 있는 프랑스 요리점

ブラッスリー エディブル
브랏슬리 에디브르

80%
나 홀로 적도

런치, 디너 모두 코스요리가 다수 준비되어 있으므로 기분에 따라 이용할 수 있는 것이 기쁘다.
디너 코스(5500엔~)는 리조또로 변경 및 추가도 OK. 글라스 와인도 종류가 풍부.

Map P.123-A1 기치조자(吉祥寺)
🏠 무사시노시 기치조지혼초 1-8-21
☎ 0422-23-3903
🕐 11:30~15:30, 17:30~22:00 (L.O. 21:00)
화 (공휴일인 경우는 다음 날. 첫 번째 월요일, 여름철 월요일) 휴업
🚉 JR 기치조지역 북쪽 출구에서 도보 2분

1층에는 주방이 보이는 카운터석도 있으므로 나 홀로 손님에게 안성맞춤. 큰 유리창으로 되어 있어 밖에서 자리가 있는지 확인할 수 있다.

▶ ☆ ?

지하 1700m 에서 솟아난 원천(源泉)이 흐르는 호화로운 노천탕. 밖에는 솔로용 '돌가마탕' 과 누워 뒹굴 수 있는 '눕는 탕' 도 있다.

츠키야마 씨's eye
도쿄 안에서 가장 좋아하는 당일치기 온천으로, 휴게 공간과 식당도 널찍하다

식당 '슌사이테이 (旬菜亭)' 에는 메밀 국수와 우동, 정식과 안주도 많다. 츠키야마 씨 추천은 쿠시카츠

저녁놀과 밤하늘을 올려다보면서 느긋하게

90 % 나홀로정도

いなぎ天然温泉の癒しと楽しさが凝縮
稲城天然温泉 季乃彩
이나기 천연 온천 토키노이로도리

1.가을을 테마로 한 '맥반석 방'에서는 라돈욕을 즐길 수 있어 피로 회복 효과가 기대된다.
2.'용암의 방'은 여름이 테마. 원적외선으로 면역력 향상을 노리자

노천탕과 나노수를 사용한 실내탕, 계절을 테마로 한 4종류의 암반욕이 갖춰진 당일치기 온천 시설. 역에서 도보 5분으로 교통편이 좋고, 오전부터 심야까지 오픈하고 있으므로 원하는 만큼 만끽할 수 있다.

Map P.116-B2 미나미타마(南多摩)
⌂ 이나기시 코요다이 6-13 ☎042-370-2614
🕐9:00~다음 날 1:00, 토ㆍ일ㆍ공휴 7:00~22:00
(최종 접수 24:00)
💴830엔, 토ㆍ일ㆍ공휴 980엔
📅3ㆍ6ㆍ9ㆍ12월의 세 번째 화요일
🚃JR 미나미타마역 남쪽 출구에서 도보 5분

▶ ☆ ?

1.ㄷ자형 카운터에 의자 간격은 여유롭다.
2,3.차트로 자신의 기호를 알려주면 각자에게 맞는 사케를 제공. 귀여운 라벨의 사케도 많아졌다고

츠키야마 씨's eye
안주를 시키고 '이것에 맞는 사케'를 주문하는 것이 즐겁습니다.

70 % 나홀로정도

부담 없이 들러갈 수 있는 사케 스탠드
PLAT STAND 酛
플랫 스탠드 모토

낮부터 휴식시간 없이 영업하며, 평일 한정 세트와 블라인드 챌린지(사케 맞히기/800엔) 등도 있다. 사케는 큰 잔 120ml와 작은 잔 65ml를 고를 수 있어 혼자서도 다양한 종류를 즐길 수 있다.

맛있는 사케 최고!

Map P.123-A1 기치조지(吉祥寺)
⌂ 무사시노시 기치조지혼쵸 1-9-10 슈플라자빌딩 B1F ☎050-5596-7257
🕐13:00~22:00(L.O. 21:00), 일ㆍ공휴~21:00(L.O. 20:00)
📅연중무휴 🚃JR 기치조지역 북쪽 출구에서 도보 2분

요리 3개와 사케 작은 잔의 '낮 음주 set' (1650엔)은 평일 한정. 사진은 감자샐러드, 명란 김 반죽 튀김, 뱅어와 김ㆍ반숙 달걀의 아히죠.

File **3**

맛있는 사케와
안주를 즐기자 ♡

도쿄 내의 혼술에 정통한 아사이 마유미(朝井真由美) 씨에게는 혼자서도 들어갈 수 있는 추천 술집을 물어보았습니다!

PROFILE

칼럼니스트·라이터
♥ **아사이 마유미 씨**

나 홀로를 너무 좋아해서 쓴 에세이 "솔로활동 여성의 추천"(→P.124)이 드라마화, 2022년 4월에 시즌 2가 방송.

🐦 @moyomoyomoyo

좋아하는 나 홀로 시간

먹으며 걷기와 백화점 행사에서 맛있는 것을 자신의 페이스로 즐기는 것은 좋아함.

상점 선정 포인트

거리를 걷거나 SNS에서 궁금한 상점을 체크. 직접 가서 상점을 개척하고 있습니다.

1. 점주가 고른 조로메에만 있는 4병. 왼쪽부터 특별 준마이슈(純米酒) '와타야(綿屋)' 특별 준마이(純米) 쓴맛 '카모킨슈(賀茂金秀)', 준마이 생원주(生原酒) '하쿠교쿠코(白玉香)', 특별 준마이슈 '아야카(綾花)'. 사케 메뉴도 있는데, 라이트, 굿밸런스, 헤비의 3타입 중에서 취향을 알려주면 메뉴에 없는 라인업에서도 고를 수 있다.
2. 아사이 씨가 추천하는 소고기 샤오마이(600엔)는 간판 메뉴

3. 붕장어 니코고리(600엔)는 와사비와 함께
4. 흰살생선 계란찜 700엔
5. 카운터석 있는 점내는 간접조명으로 세련된 공간. 나 홀로 손님도 많은데 확실하게 자리를 잡으려면 예약하는게 좋다.

하매께별 안주도 맛있자

80%
나 홀로 정도

酒亭 沿露目
슈테이 조로메

계절과 날에 따라 메뉴가 바뀐다. 니코고리(생선이나 고기의 육즙을 젤리처럼 굳힌 것)을 비롯한 도쿄의 옛 정취를 느끼게 하면서도 새로운 발상을 더한 단품요리와 엄선된 사케를 즐길 수 있다.
근처에 있는 자매점 '슈시잇손(酒肆一村)'도 추천.

Map P.119-B4 몬젠나카초(門前仲町)

🏠 코토구 토미오카 1-12-6 아쿠츠빌딩 1F
☎ 03-5875-8382
🕐 18:00~다음 날 1:00
📅 비정기 휴무
🚇 지하철 몬젠나카초역 1번 출구에서 도보 1분

아사이 씨's eye

편안하고 조용히 마시고 싶을 때 추천, 어떤 요리도 술맛을 돋워줍니다♪

몬젠나카쵸의 어른의 은둔처 발견♪

사케 좋아하는 사람들에게는
더없이 좋은 술집

60%
나 홀로 정도

赤鬼
아카오니

1982년에 오픈한 산겐자야의 노포로, 사케 마니아의 성지라고도 불리는 장소. 안주 없이 마셔도 맛있다는 엄선된 생주(生酒)와 희귀한 브랜드도 있다. 항상 만석이기 때문에 예약을 꼭 해야 한다.

Map P.123-C2 산겐자야(三軒茶屋)

🏠 세타가야구 산겐자야 2-15-3
☎ 03-3410-9918 🕐 17:30~23:30,
토 17:00~ · 일 · 공휴 17:00~23:00
📅 연중무휴
🚇 도큐덴엔토시선 산겐자야역 세타가야도리 출구에서 도보 4분

정리되어 있는
구신 모티프

여성 나 홀로 손님도
즐기고 있습니다!

점주
에바고야(越後谷) 씨

조개 종류를
알 수 있는
디스플레이도 있다.

장르형
1

비장의 인기 솔로 스팟

신선도 발군의 조개요리를 맛보자

貝料理専門店 はまぐり
조개요리 전문점 하마구리

메뉴는 모두 조개요리로 회, 구이, 조림은
물론 샐러드와 냉채 등 버라이어티 풍부.
바지락 술찜(1000엔)과 오리지널 클램차우
더(예약제)도 인기.

60%
나 홀로 적도

Map P.120-A1 신주쿠(新宿)

🏠 신주쿠구 신주쿠 3-8-4 야
기빌딩 1F
☎ 03-3354-9018
🕐 17:00~23:00(L.O. 22:00)
😊 일·공휴
🚃 지하철 신주쿠산초메역 C5
출구에서 도보 1분

아사이 씨's eye
좋은 술·좋은 안주·좋은 공
간이라는 삼박자가 갖춰진 점
포로, 감자샐러드는 감동적!

1. 곤약회(550엔)와 헤시
코(고등어를 발효시킨
것) 소스가 곁들여진,
야채절임이 들어간 감
자샐러드(660엔), 명
주(銘酒)와 함께 맛보
자
2. 손님씨의 사케 메뉴.
3. 점주가 셀렉트한 6개.
아카오니 한정의 준마
이긴조(純米吟醸) '코
자에몬(小左衛門)'과
오픈 때부터 있는 탁
주 생원주 '초카이산
(鳥海山)'을 비롯해
'카메이즈미(亀泉)'와
'비와노초쥬(琵琶の長
寿)'등 폭넓은 라인업
4. 카운터석도 있어 혼자
라도 OK

1. 1층은 카운터석만 있음. 주방 앞에 앉으면 점주에게 추천요리를 묻기 쉽다.
2. 가게에서 자주 나오는 사케는 이것. 효고현(兵庫県)의 담백하고 깨끗한 쓴맛 '카라탄바(辛丹波)'와 특
별 준마이슈 '시라카미산치노시키(白神山地の四季)', 아키타(秋田)의 지역술 타카시미즈(高清水)의
'특별 혼조조(本醸造) 나마초조슈(生貯蔵酒)' 등 일본 각지의 사케를 갖추고 있다.
3. 큼직한 대합구이(시가). 가리비와 왕우럭조개, 피조개 등 '오마카세회 3가지 모둠' 2200엔

아사이 씨's eye
조개의 매력을 원 없이 즐긴다!
무엇을 먹어도 맛있다. 그날의
추천요리를 먹는 것도 Good!

신선한 조개를
맘껏
먹자!

일찍 일어나 아침 활동을 즐긴다!

설레는 호화 아침식사

평소보다도 조금 일찍 일어나 볼까?
아침부터 마음이 채워지는 밥을 먹으러 외출하자.

뮤이예트 플레이트 1600엔
식빵과 반숙 달걀, 계절의 곁들임 등이 한가득 달걀은 전용 기구로 자른다

2층 카페오레 700엔
오쿠시부야의 커피 전문점 'ROSTRO'에서 볶은 커피 애 우유크림이 듬뿍

Luxurious

얄간의 사치 & 인스타갈 식사

지금 도쿄에서는 아침식사를 테마로 한 카페와 레스토랑이 계속 증가 중.
출근 전이나 휴일 오전에 볼륨 만점의 멋진 아침을 먹고 시작할 수 있다면 하루가 더욱 행복하게 될 것이 틀림없다! 프렌치 or 일식 뷔페, 기분에 따라 즐기자.

하루의 시작에 비둘하고 싶은 레스토

プルミエメ
푸르미에메

80% 나 홀로 적도

'약간 나들이 기분의 아침식사'를 테마로, 프랑스식 아침밥 무이예트 플레이트를 비롯해 오믈렛과 고급 식빵을 사용한 치즈토스트 등을 갖추었다.

Map P.123-B2 오쿠시부야(奥渋谷)

♠ 시부야구 토미가야 1-6-10 요요기공원빌딩 2F
🕐 8:00~17:00(철판 메뉴 L.O. 16:15, 기타 L.O. 16:30)
📷 수 🚇 지하철 요요기공원역 1번 출구에서 도보 1분

모든 시간대에 즐길 수 있는 아침식사

TOTAL 2시간

🕐 소요시간 7:00 ~10:00 💰 예산 2000엔~

🍴 사람이 적은 타이밍을 노려라
푸르미에메, 긴자 조식 라보 모두 비교적 한산한 것은 평일 9~10시 무렵. 아침밥 메뉴는 하루 종일 먹을 수 있으므로 혼잡한 런치타임을 피하고 저녁 마지막 주문 전에 뛰어드는 것도 추천.

마르코 폴로 루쥬 600엔
프랑스 노포 홍차 전문점 '마리아쥬 프레르'의 루이 보스티는 논카페인이며 과일맛이 난다.

1. 눈앞에서 식빵과 야채를 철판에서 굽는 모습을 볼 수 있다.
2. 혼자라면 망설이지 말고 여유 있는 카운터 석으로

아침의 간식 프렌치토스트 1600엔

철판에서 구운 다음 표면을 캐러멜리제이션 한 3cm의 프렌치토스트에 계절 아이스크림과 소스를 토핑.

음료도 함께!

설레는 호화 아침식사

Breakfast

아침식사 뷔페 2500엔

계절에 따라 바뀌는 작은 반찬은 캐슈와 햄버그 등 서양식부터 조림 등 일본식까지 다양. 밥과 샐러드, 빵도 풍부.

박력 있는 라이브 키친

충실한 미니 반찬

밥 세트!

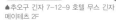

1. 창가에는 카운터석도 있다.
2. 도쿄산(産) 브랜드 돼지고기 'TOKYO X' 샤브샤브 는 필수!
3. 작은 반찬은 상시 10종류 이상 진열
4. 밥은 2종류이고, 절임과 버섯조림, 조림 등 밥반찬 도 충실

배불러도 먹게 되는 대만족 디저트♡

디저트 코너도, 미니모나카는 직접 팥소의 양을 조절하여 만든다.

1,2. 아침식사와 같은 뷔 페를 먹을 수 있는 런 치타임에는 각 테이 블을 도는 질냄비 티 라미수 서비스도
3. 계절의 과일을 사용 하고 있어 맛도 바뀐 다.

질냄비 티라미수♡

맛은 물론 작은 반찬도 분위기

銀座朝食ラボ

긴자 조식 라보

70%
나 홀로 정도

호텔 무스 긴자 메이테츠에 병설된 레스토랑으로 숙박객은 1900엔에 이용 가능. TOKYO X와 에도도쿄야채 등 도쿄산 식재료를 엄선하였다.

Map P.120-C1 긴자(銀座)
🏠추오구 긴자 7-12-9 호텔 무스 긴자 메이테츠 2F
☎03-6264-7037
🕐7:00~23:00
(아침식사 L.O,10:30, 런치 L.O,15:00)
📅연중무휴
🚇지하철 긴자역 A3 출구에서 도보 6분

자흥 모형 ③

자신과 마주하는 비일상 공간에서
스트레스 없는 몸으로

매일 쌓인 피로와 고민을 날려버리고 싶다! 개운하지 않던 기분이 전향적으로 바뀌는 최고의 해독 체험에 도전.

스트레스 해소법을 찾자 TOTAL 1~2시간

체험 시간 체험에 따라 다르다

몸을 움직이기 위한 준비물
암흑 복싱과 에어리얼 요가는 요가복과 땀을 닦는 타월, 음료를 가지고 가자. b-monster는 운동복 대여와 물 판매도 한다.
Medicha도 가부좌하기 편한 복장이 권장된다.

조용한 공간에서 마음을 진정시킨다

누구에게도 방해받지 않는 공간에서 그저 손을 움직이거나 명상을 하며 새로운 깨달음과 마음의 평온을 얻자

정점 마음이 무(無)가 된다

소원을 쓰는 공간도, 납경(納經)한 사경(寫經)은 본존 약사여래 앞에 모셔진다.

1 사경(寫經)

불교 수행에서 경전을 옮겨 적는 것. 석가모니의 가르침을 응축한 '반야심경'이 일반적으로 알려져 있다.

✓ CHECK!
체내 & 체외를 깨끗이 한다

입구에 있는 한방약 정향(丁香)을 입에 머금어 체내를 깨끗하게 한다. 정향은 사경 중에도 입에 머금는다. 그 후 코끼리 모양을 한 향로 위를 넘어 몸의 바깥쪽을 깨끗이 한다.

빈손으로 들러 사경(寫經) 가능

藥師寺東京別院
야쿠시지 도쿄 별원

약 1300년의 역사를 가진 나라(奈良) 약쿠시지의 별원. 사경(寫經)은 예약이나 도구가 필요 없이 매일 할 수 있으며, 납경료로 '반야심경' 1권(2000엔)을 비롯해 '약사경(藥師經)' 1권(4000엔) 등이 있다.

100% 바늘로정진

Map P.118-C2 고탄다(五反田)
♠ 시나가와구 히가시고탄다 5-15-17
☎ 03-3443-1620
🕘 9:00~17:00
🈳 연중무휴
🚃 JR 고탄다역 A7 출구에서 도보 7분

예산 2000엔~

사경(寫經)의 마음가짐

짜증이 날 때나 기분이 개운하지 않을 때 사경을 하자.
한 글자씩 옮겨 적으면서 냉정해질 것이다.

① 접수하고 입당(入堂)

접수는 건물 2층. 납경용지와 와게사(輪袈裟, 목에 거는 가사)를 받고, 처음인 경우는 설명을 듣는다. 모르는 것이 있으면 확실하게 이해해 둔다.

② 먹을 간다

자리에 앉으면 와게사를 목에 걸고 책상에 있는 먹과 벼루, 연적을 사용하여 먹을 간다.

③ 반야심경을 옮겨 적는다

견본 위에 사경용지를 놓고 옮겨 적는다. 끝내면 합장하고 그 자리에서 한 번 인사한다.

납경용지는 부처님이 보는 방향으로 올린다.

약 1시간으로 완성

④ 납경하고 퇴장

불전의 납경분(納経盆)에 바치고 한 번 인사하고 나서 소원을 마음속으로 빈다.

②
명상

호흡과 Medicha에서 이용하는 음성 가이드 등에 의식을 집중시키고 사고와 감정을 해독

명상과전차(煎茶)를 음미하는 시간
Medicha
메디차

'자신에게 여백을 만드는 사치스러운 시간'을 컨셉으로 한 몰입체험형 명상 스튜디오. 온천에 몸을 담그는 감각으로 피로한 뇌를 리프레시시켜 전향적 사고를 되찾을 수 있다.

80%
나 혼로섣도

Map P.122-A2 오모테산도(表参道))

▲미나토구 미나미아오야마 5-3-18 BLEU CINQ POINT C동 B1F
☎03-3287-5519
◷8:00~22:30 휴월
㉿지하철 오모테산도역 A5 출구에서 도보 4분

예산 1만 2000엔

☑ CHECK!
6종류의 오디오 가이드

들려오는 음성 가이드에 따라 자신의 내면에 빠져들 수 있으므로 혼자 하는 명상보다 몰입감이 높다.

- 전향적 기분으로 정돈하고 싶을 때
- 사고와 감정을 정리하고 싶을 때
- 몸과 마음에서 힘을 빼고 싶을 때
- 자신과 타인에게 부드러워지고 싶을 때
- 감정을 흘려보내고 싶을 때
- 목표를 향해 기분을 고양시키고 싶을 때

잠모은형 3

비일상 공간에서 스트레스 없는 몸으로

☑ CHECK!
준비하는 2개의 방

밝은 방과 어두운 방은 마치 사우나와 냉탕처럼 교대로 방문함으로써 정돈되는 효과가 있다.

① Tune In
새하얀 빛을 발하는 미니멀 공간. ②의 방과 30분 정도 천천히 왔다 갔다 한다.

명상 체험
4개 단계로 나뉜 총 80분의 플랜으로 오감을 해방하고, 내면을 정돈하고, 깨달음을 얻자

② Open Up
소파에 누워 플라네타륨 같은 별이 총총한 하늘에 감싸이는 암흑, 소리와 라이팅에 빠짐으로써 사고에서 벗어난다.

③ Shift
대나무와 나무로 된 돔형 방에서 가부좌를 틀고 명상을 실천. 의자 옆에 있는 아로마의 향기를 맡으면서 약 30분의 가이드에 귀를 기울인다.

목소리에 따라 이런저런 생각을 하는 한 때

차를 즐기자

④ Align
엄선한 차기(茶器)로 찻잎을 주전자에 넣고 자신을 위해 차를 끓인다. 한숨을 돌리면서 켜놓은 향이 꺼질 때까지 되돌아보는 시간을 갖자

☑ CHECK!
깨달음을 메모한다.

차 세트와 함께 펜과 메모가 놓여 있으므로 명상의 깨달음을 적어둘 수 있다.

생각이 많아진다!

MEDITATION

25

액티브하게 몸을 움직이자

복싱과 요가 배우기, 기왓장 깨기는 머리도 맑아지고 마음도 후련해져서 일석이조♪ 게다가 체력도 붙어 매일을 쾌적하게 보낼 수 있게 된다.

오랜만의 근육운동입니다.

복싱 레슨 입문

체험 레슨은 3개 파트로 나뉘어 있고 논스톱으로 45분. 처음에는 무리하지 말고 휴식하면서 자신의 페이스에 따라 움직이자.

▶ ▶ ▶

1 서킷 파트

주로 근육운동을 하는 파트. 준비운동도 겸하여 워밍업하면서 팔굽혀펴기 등을 10분간 한다.

▶▶▶

2 섀도우 파트

주로 잘 쓰는 발의 반대쪽 발을 앞으로 내고 공중에서 스트레이트, 어퍼컷, 훅을 10분간 연습한다.

▼
▼
▼

3 암흑 복싱

암흑 속에서 대음량 음악을 듣고 하는 복싱 피트니스. 어두운 스튜디오에서 함으로써 자신에게만 집중할 수 있다.

☑ CHECK!
숙달되기 위해서는?

옆구리를 바싹 조인 채 턱을 당기고 얼굴 앞에서 자세를 취한다. 허리를 회전시키고 무릎을 잘 사용하면 펀치를 잘 맞힐 수 있게 된다.

암흑 복싱을 체험

b-monster AOYAMA

비 몬스터 아오야마

도쿄 안에 6개 점포를 전개하는 복싱 스튜디오. 프로그램은 월 30회 참가할 수 있는 '데이타임 멤버'(1만 6500엔/트라이얼 후 가입으로, 가입금 무료) 등 플랜도 다양하다.

생각한 것보다 힘이 들지만 기분 좋다!

90%
나 홀로 정도

Map P.122-A2 오모테산도(表参道)

🏠미나토구 미나미아오야마 3-8-40 아오야마센티빌딩 1· B1F
☎0570-066-036 🕐7:00~23:00
⊙연중무휴
🚇지하철 오모테산도역 A4 출구에서 도보 4분

💴 트라이얼티켓 3850엔~

3 섀드백 파트

글러브를 끼고 실제로 샌드백을 편치로 친다. 노래에 맞춰 리드미컬하게 움직이면 25분도 금방. 처음 해도 의외로 몸이 움직인다!

1. 로비에서는 운동복 렌탈과 물 구입도 할 수 있다.
2. 탈의실에는 고데기와 고성능 드라이어를 상비하고 있다.

연하장 불문하고 어떤 복도 참가 OK!

퍼포머
ERISA 씨

떨랑하고 상쾌해

DARKBOXING

4 에어리얼 요가

천정에 드리워 해먹 모양 천을 보조기구로 이용하면서 하는 요가. 몸이 뻣뻣한 사람도 중력을 이용하여 무리 없이 자세를 취할 수 있다.

체험 레슨에 도전

1시간 레슨에서는 난이도가 조금 높은 포즈까지 도전. 멀미를 잘 하는 사람은 멀미약을 먹은 다음에 레슨 받기를 권장.

근력 UP에도 좋다!

강사 MANAO 씨

1 준비운동~스트레칭
바닥을 사용하여 몸 전체를 확실히 편다.

2 해먹으로 포즈
해먹을 사용함으로써 보통의 요가 포즈가 한 결 아름답고 균형감 있게 취하기 쉬워진다.

야근 자세도!

3 어려운 포즈도 간단
스파이더맨이라고도 불리는 포즈는 순서대로 배우면 처음이라도 할 수 있다! 내장을 올바른 위치에 되돌리는 효과도 있다.

Aerial Yoga Studio MANA

에어리얼 요가 스튜디오 마나
타카라즈카(宝塚) 가극단 단원이었던 MANAO 씨가 강사를 맡고 있는 요가 스튜디오. 회원은 1 레슨 3500엔으로 부담 없이 수강할 수 있는 것이 매력(예약 필요).

90% 나 홀로 정도

Map P.118-C2 히로오(広尾)

🏠 미나토구 모토야자부 2-2-14 세존모토 2F
☎ 070-1001-8975 레슨에 따라 다름
🕐 비정기 휴무
💰 1레슨 3500엔(회원), 4000엔(비회원)
🚇 지하철 히로오역 1번 출구에서 도보 7분

예산 체험 레슨 3000엔~

4 릴랙스
마지막은 해먹에 감싸여 여유 있는 시간. 움직인 몸을 쉬게 하자

📋 CHECK!
공중에서 흔들흔들
해먹에 온몸이 감싸인 상태에서 부유감으로 힐링되자

아사쿠사 관광 가겠으니! 스태프 와구치(川口) 씨

5 기왓장 깨기

기왓장 깨기는 옛날부터 무술과 격투기에서 시험이나 퍼포먼스로 행해져 왔다. 현재 카와라나에서는 스트레스 발산뿐 아니라 소원 빌기나 개운(開運) 등 다양한 목적으로 방문하는 사람이 있다.

처음 하는 기왓장 깨기 How to

원하는 개수로 도전할 수 있지만 우선은 5장을 권장. 요령은 주먹을 수직으로 내리치면서 무릎을 사용해 중심 이동하는 것

1 요령을 배운다
기왓장의 한가운데에 주먹이 맞도록 서서 수직으로 내리친다.

▶▶▶

2 이미지 트레이닝
복싱 글러브를 끼고 몇 번이고 자세를 확인하며 궤도수정을 한다.

전부 깼습니다!!

◀◀◀

3 이제 실전
직전에는 어찌 됐든 긴장된다. 큰 소리를 소원과 기합을 외친 후에 깨자

혼신의 일격~!

瓦割りカワラナ

카와라와리 카와라나

스탠다드한 '기왓장 5장 도전' (2000엔). 8장째의 기왓장에 소원을 적고 쓰에히로가리(末広がり. 끝이 넓어짐=점점 번영함)을 나타내는 '팔(八)'을 상징하는 '기왓장 8장 도전' (3500엔) 등의 플랜도. 토·일·공휴일만 영업 중.

70% 나 홀로 정도

Map P.121-A2 아사쿠사(淺草)

🏠 다이토구 아사쿠사 2-27-17
🕐 10:00~17:00 월~금
🚇 지하철 아사쿠사역 8번 출구에서 도보 8분

예산 2000엔~

주목받는 멋진 거리에서 망상 TRIP!
오쿠시부야 주변에서 세계 일주 산책

시부야에서 도보 10분인 오쿠시부야부터 요요기우에라하 지역은
해외에서 탄생한 카페 & 숍과 볼거리가 가득!
아침부터 밤까지 여권 없이 당일치기 여행을 떠나자.

代々木上原
요요기우에하라

代々木八幡요요기하
代々木公園

⑧ ⑥ ⑨ ⑦ ⑤ ④ ③ ② ①

도보로 가능한 세계일주
TOTA
10시

| 권장 시간 | 9:00～ 19:00 | 예산 | 2만엔 |

출발 전 준비물 & 순서 체크
효율적으로 걷기 위해서는 오쿠시부야→요
요기우에하라의 경로를 추천.
도중에 숍에 들르고 싶으므로 에코백은 필
수품. 정기휴일 확인과 스파 사전예약은 해
두자

오늘 하루가
기대돼~

맑은 날에는 밖에서
먹는 것도 기분 좋다.
점대에는 카운터석
과 테이블석이 있다.

해외 기분을 맛볼 수 있는
볼거리가 집결!

북유럽식 아침식사 후에는 유럽 & 오세아니아
의 상점 순례. 남미에서 런치를 마치고 이슬람
세계로 뛰어든다. 한국 스파에서 힐링한 후 NY
에서 쇼핑, 부탄에 최종 도착.

신맛나고
맛있어♥

9:00 🇳🇴 From Norway

노르웨이식
커피 & 아침식사

❶ FUGLEN TOKYO
푸글렌 도쿄

노르웨이에서 탄생한 카페의 일본
1호점. 최고 품질의 커피콩을 직접
볶은 에어로프레스 커피는 55엔.
빵은 야나카(谷中)의 'VANIER' 의
것을 사용.

80%
나 홀로정도

2.카다멈이 들어간 시나몬 롤(460엔)
도 추천
3.노르웨이의 빈티지 아이템은 전부
구입 가능

1.브라운 치즈를 얹
은 '브루노스트 &
사워도우 브레드'
(690엔)와 커피

Map P.123-B2
오쿠시부야
(奥渋谷)

🏠 시부야구 토미가야 1-16-11
☎ 03-3481-0884
🕐 7:00～다음날 1:00, 월·화～22:00
📅 연중무휴
🚇 지하철 요요기공원역 4번 출구에
서 도보 5분

1인식
참아줘!

1. '파스텔 드 나타' 1개(250엔)에 6개들이 포장도 있다.
2. 스폰지 케이크 '파포슈 드 안죠' 262엔
3. 치즈타르트 '케이자 드 신트라' 240엔

10:30 From **Portugal**

90% 나홀로척도

비법 레시피로 질리지 않는 단맛♡

② ナタ・デ・クリスチアノ

나타 데 크리스티아노

도쿄에서도 드문 포르투갈 과자점. 하루 약 1000개가 팔리는 에그타르트 '파스텔 드 나타'와 반숙 카스텔라 '빵 드 로'(920엔~) 등이 인기.

Map P.123-B2 오쿠시부야(奧渋谷)

🏠시부야구 토미가야 1-14-16 스탠포드코트 103
☎03-6804-9723
🕙10:00~19:30
🈳연중무휴
🚇지하철 요요기공원역 4번 출구에서 도보 3분

11:00 From **France**

파리에서 탄생한 오가닉 슈퍼

③ Bio c' Bon富ヶ谷店

비오 세본 토미가야점

도쿄와 가나가와에 있는 슈퍼마켓. 말린 과일·견과류를 20g부터 계량 구매할 수 있는 벌크 코너와 포장만 보고도 사고 싶어지는 직수입품이 갖춰져 있다.

90% 나홀로척도

Map P.123-B2 오쿠시부야(奧渋谷)

🏠시부야구 토미가야 1-49-21
☎03-6804-7918
🕙9:00~21:00
🈳연중무휴
🚇지하철 요요기공원역 1번 출구에서 도보 2분

원하는 양만큼 구입할 수 있다.

자연파 와인 라인업도 풍부

발사믹 & 와인 비니거 크림

왼쪽부터 미니 사이즈가 기쁜 '발베로'의 와인 비니거 크림(레드, 시칠리아 레몬). 발사믹 크림 각 538엔

글루텐 프리 파스타

밀가루 대신 쌀가루, 퀴노아가루, 아마란서스가루를 사용. '마비쌍 글루텐 컬러풀 펜네' 754엔

야채 시트(sheet)

김처럼 싸는 야채 '베지트(VEGHEET)'. 샐러드랩을 만들거나 잘게 썰어 토핑으로 하는 등 자유자재. 각 430엔

인스턴트 스파이스

(위에서부터)본격 요리를 '간단히 즐길 수 있는 '레벤스바움 스파게티 볼로네제, 칠리 콘 카르네, 크림 & 피쉬' 각 411엔

1. 비오 세본 한정 '쿠스미 티' 100g캔 3564엔
2. '물랑뒤피베르' 식물성 쿠키 862엔
3. 세계 각국의 그림이 그려진 '저스트 티' 646엔

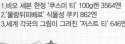

12:00 From **Australia**

트렌디 디자인 잡화 & 소품이 다수!

④ JAU富ヶ谷店

제이에이유 토미가야점

80% 나홀로척도

언덕이 많은 지역!

오스트레일리아 디자인을 취급하는 셀렉트숍. 기능성이 높고 서스테이너블한 상품을 갖추었다. 점내에서 오스트레일리아 와인과 커피를 무료로 즐길 수 있다.

Map P.123-B2 오쿠시부야(奧渋谷)

🏠시부야구 토미가야 2-12-18
☎03-6206-0468 🕙12:00~19:00
🈳월~수
🚇지하철 요요기공원역 1번 출구에서 도보 10분

1. 'Seljak Brand'의 담요 3만 5200엔~
2. 'Addition Studio'의 오일 버너(2만 9700엔)와 오일(5280엔)
3. 'Poise'의 양초 4840엔

경험치 만점인 나이템들!

12:30

From Argentina

아르헨티나의
소울푸드 런치

⑤ Mi Choripan
미 초리판

두툼한 초리소와 야채를 빵에 넣은
'초리빵' 전문점.
현지에서는 서민적 포장마차 맛집으
로 사랑받고 있으며, 점주는 현지에서 배운 경험
이 있다.

70% 나 홀로 섬도

Map P.123-B1　요요기우에하라(代々木上原)

🏠시부야구 우에하라 2-4-8
☎03-5790-9300
🕐11:00~20:00
🈺화, 첫째・넷째 월요일
🚃오다큐선 요요기우에하라
역 남쪽 출구에서 도보 2분

와~ 맛있다!

비법 레시피입니다!

1. 주문한 다음에 눈앞에서 만들어 준다. 초리소는 수제
2. 스페셜 초리빵, 선택 가능한 사이드디시, 마테차 혹은 커피가 제
공되는 '런치C' 1420엔
3. 식초와 오일에 향신료를 섞은 치미추리 소스도 시도해 보자.

14:00
From Turkey 👣

이국정서가 넘치는
아름다운 모스크 체험!

⑥ 東京ジャーミイ
도쿄 자미이

2000년에 재건된 일본 최대의 모스
크. 터키에서 가져온 대리석과 가구
도 많다. 2층 예배당에서는 노출이
많은 복장은 금지이며 스카프 착용이 필수.

80% 나 홀로 섬도

Map P.123-B1　요요기우에하라(代々木上原)

🏠시부야구 오야마초 1-19　☎03-5790-0760
🕐10:00~18:00(할랄마켓~19:00, 금요일의 모스크 견학 14:00~)
🈺연중무휴
🚃오다큐선 요요기우에하라역 서쪽 출구에서 도보 5분

카페의 컬러풀한 램프!

숍 & 카페도 CHECK!

1. 터키의 전통과자 '바클라바'
1000엔~
2. 프리미엄 바스마티쌀 700엔
3. 딸기잼(350엔)과 장미잼(300
엔)
4. 할랄푸드가 진열된 마켓
5. 디저트를 먹을 수 있는 카페

©東京ジャーミイ 도쿄 자미이

15:30 🇰🇷 From Korea

한가한 주택가에 숨겨진 외딴섬의 섬들

7 韓spa
한 스파

자율신경에 어프로치하는 한방 오일 트리트먼트와 자궁 케어가 인기 있는 스파. 쑥찜 한방 오일 트리트먼트 100분 1만 5000엔.

Map P.123-B1 요요기우에하라(代々木上原)

🏠 시부야구 우에하라 2-39-6
☎ 03-6804-8126 ⏰ 11:00〜22:00(최종 예약 21:00)
🈲 비정기 휴무 📋 예약 필요
🚇 오다큐선 요요기우에하라역 남쪽 1번 출구에서 도보 6분

1. 구멍 뚫린 의자에서 나오는 쑥과 한방 증기로 내장을 따뜻하게 하여 해독을 촉진한다.
2. 맨손으로 강하게 결림을 풀어준다.

오리지널 아이템도!

따뜻하게 뭉이 데워집니다!

작모은명 4

오쿠시부야 주변에서 세계 일주 산책

FRONT 11201

17:00 🇺🇸 From U.S.A.

브루클린의 트렌드 체크

8 FRONT 11201
프론트 11201

일본인 점주가 운영하는 브루클린 중고 의류점 'FRONT GENERAL STORE'의 일본 첫 지점. 데님(1만 1000엔〜)을 비롯한 오리지널 아이템도 많다.

80% 나홀로 정도

Map P.123-B2 요요기우에하라(代々木上原)

🏠 시부야구 요요기초 21-9 Silhouette 104
⏰ 13:00〜19:30, 토〜20:00, 일12:00〜19:00(상세한 내용은 Instagram에서 확인 필요) 🈲 화
🚇 오다큐선 요요기우에하라역 동쪽 출구에서 도보 4분

1. 마음에 드는 프린트를 발견할 수 있는 티셔츠 3800엔
2. 레더×리브 니트의 블루 자켓 1만 9800엔
3. GUCCI의 70's 빈티지 원피스
4. 빈티지 주얼리는 8800엔〜으로, 선물로도 안성맞춤

18:00 🇧🇹 From Bhutan

부탄의 가족에게나 대녀

9 ガテモタブン
가데모타분

2022년 3월에 리뉴얼 오픈. 창업 시의 레시피와 조리 방법으로 돌아가 식재료도 원점부터 개선하여 더욱 본고장의 맛에 가까워졌다.

60% 나홀로 정도

Map P.123-B1 요요기우에하라 (代々木上原)

🏠 시부야구 우에하라 1-22-5 ☎ 03-3466-9590
⏰ 11:30〜14:00, 18:00〜22:00(L.O. 21:30)
🈲 월, 격주 화 🚇 오다큐선 요요기우에하라역 남쪽 2번 출구에서 도보 2분

맛있는 계속 당긴다.

다만 죽의 떨어짐 있습니다.

여기는 테크니크도 있습니다.

1. 돼지고기와 고추를 볶은 '파쿠샤파'(1430엔)는 라이스(220엔)를 주문하여 밥과 함께 먹자. 찐만두 '모모'(187엔), 감자와 치즈 수프 '케와다찌' 하프사이즈(660엔)
2. 층마다 내부 장식이 다르다.

즐거웠다〜

작은 모험 5

근미래 세계에 빠져든다♡
최고의 공장 야경 크루즈를 떠나자

솔로들에게 절대적 인기를 모으고 있다는 공장 야경 크루즈.
취재 스태프도 대흥분한 포토제닉한 코스를 대해부.

cruise

PERRY POINT

반짝반짝
빛나는 밤바다
& 야경이 최고

환상적인 배 여행

TOTAL 1.5시

권장시간: 저녁(계절에 따라 다름)   예산: 5500엔

🔥 **추위 대책 & 준비를 철저히**
겨울철 방한 대책은 필수. 배의 2층은 오픈 갑판이므로 패딩 등을 챙겨 입고, 무릎담요와 핫팩 등을 가지고 가는 것도 권장한다. 뱃멀미하는 사람은 멀미약도 지참하는 게 좋다.

after

before

| 후지산 |

출발하고 나서 곧바로 뒤돌아보면, 맑은 날은 후지산이 보이는 경우와, 되돌아올 때는 라이트업된 요코하마의 거리가 보인다.

90분 코스로
공장의 매력에 눈을 뜨다.

수면에 비치는 빛줄기, 부드러운 석양과 밤하늘 등 배 여행에서만 볼 수 있는 각도로 공장 야경을 촬영할 수 있는 것이 매력. 다시 찾는 사람도 많은데, 몇 번이라도 새로운 발견을 할 수 있다!

80% 나 홀로정도

아름다운 야경이 파노라마가 펼쳐진다.

工場夜景ジャングルクルーズ
공장 야경 정글 크루즈

야경평론가 마루마루 모토오(丸々もとお) 씨가 프로듀싱한, 일본 3대 공장지대 중 하나인 '게이힌(京浜) 공업지대'의 야경을 운하에서 바라볼 수 있는 크루즈. 스태프의 가이드를 들으면서 즐길 수 있다.

Map P.117-C3   요코하마(横浜)

🏠 가나가와현 요코하마시 나카구 신코 1-1(승강장)
☎ 045-290-8377
● 12월 16:30~ · 1 · 11월 17:00~ · 2 · 10월 17:30~ · 3 · 4 · 9월 18:00~ · 6 · 7월 19:00~ · 5 · 8월 18:30~ (상세한 스케줄은 HP에서 확인)
🚢 공장 야경 정글 크루즈 5500엔 💳 주말만 운항
🚇 미나토미라이선 바샤미치역 6번 출구에서 도보 10분

Goal

Start

다리 위에는
자동차가
다닌다

선내 1층과
전망 공간이
있는 2층석

피아
아카렌가
잔바시

OCEAN CRAFT

접수를 마치면 15분 전부터 승선 가능. 늦지 않도록 조금 일찍 도착하자

로맨틱한 저녁노을과 함께 다이코쿠오하시(大黒大橋)를 바라본다. 배로 다리 밑을 통과하는 것은 스릴 만점!

로켓 발사를
연상시키는 구조와
라이트업이 드라마틱

지오하마(地浜) 운하는
공장 야경의
성지(聖地) 같은 존재

토아세키유
(東亜石油)의
제1정제유소

토아세키유
(東亜石油)의
제1정제유소

카와사키
(川崎)
천연가스
발전소

SF영화를 보고 있는 것
같은 착각에 빠지는 제
유소의 아름다운 야경
은 각도를 바꾸어 몇
번이라도 사진을 찍고
싶은 스팟

池上運河
이케가미 운하

南渡田運河
마나미토타리다 운하

水江町
미즈에초

池上運河
이케가미 운하

京浜運河
케힌 운하

海芝浦駅
우미시바우라역

히가시오기시마
(東扇島)

번호가 붙여진 원형
탱크가 몇 개나 늘
어서 있는 모습은
멀리서 보면 조금
귀엽게도 보인다.

토아세키유의
오일탱크

쇼와덴코
(昭和電工)의
플랜트

셔터 찬스를
놓치지 마!

체크무늬가
특징적인 원기둥
가스탱크

扇島
오기시마

플랜트가 발하는 빛과 바람에 나부끼는 연기
가 연출하는 뛰어난 존재감. 딘 후지오카의
CD 자켓 촬영지가 되기도 했다고

야경 촬영 방법

'야간 모드'로 전환하고 셔터를 누
른 후 몇 초는 움직이지 말 것. 화
질이 거칠어지므로 줌인도 피하자

셔터 스피드가 늦고 선상은 흔들리
므로 흔들림을 막기 위해서 스마트
폰 스트랩 등을 사용하여 고정하자

야경 전용 앱을 사용하는 것도 현
명한 촬영 방법. '야경 카메라'나
'밤 카메라' 등 무료 앱으로 충분히
아름다운 사진을 찍을 수 있다.

오기시마(扇島)
발전소

도쿄가스와 이데미
츠코산(出光興産)
이 설립한 화력발
전소로, 3개의 굴뚝
이 트레이드마크

선내에서 시간 보내는 법

승선 중에는 1층과 2층을 자유롭게
오갈 수 있으므로 마음껏 즐기자!

음료 서비스도 있다.
겨울에는 따뜻한 음료, 여름
에는 차가운 음료 서비스도
있어 잠시 한숨 돌릴 수 있다.

Map을 보면서 즐기자
승선 시에 배부된 QR코드를
스마트폰으로 읽으면 코스를
볼 수 있다.

창가에 앉는 것 추천
1층 선내 공간에서는 창가에
앉으면 좋은 타이밍에 경치를
촬영할 수 있다.

Deep한 최애 활동부터 나 홀로 DIY까지 나만의 오리지널을 만든다

누구와도 겹치지 않는 아이템을 만들거나 간단한 DIY에 도전해 본다.
풍부한 솔로 시간을 보내는 아이디어를 모았습니다.

엄선한 아이템을 구매 | TOTAL 1~2시

권장 시간 | 체험에 따라 다름

💡 사전에 필요한 준비물 & 준비
테라리엄 만들기는 더러워져도 좋은 옷이나 앞치마를 준비, 토모야스(友安) 제작소는 사전에 DIY하고 싶은 장소의 사이즈를 측정해 가자. 오리지널 노트와 향수는 사전에 이미지를 쌓아두면 원활하게 진행된다!

덕질이 더욱 즐거워진다!?

노트에 최애 활동 기록과 감상을 메모하고, 최애의 이미지에 맞는 향수를 뿌리면 설레는 최애 활동으로 더욱 매일이 충실하고 행복해질 것이 틀림없다!

초창은 무찬대밀니다.

make a notebook

OUTLET

최애의 기록 노트를 만들자

예산 3000엔~

표지와 속지, 노트철을 직접 골라 만들 수 있는 오더 메이드. 계절 한정 및 패션 브랜드와 콜라보한 표지도 갖추었다.

완성!

쓱쓱 고르면 40분 정도로 완성. 옵션으로 금박 입히기도 가능(유료)

80%
나 홀로 지수

1 사이즈를 고른다.
샘플을 참고하여 사이즈(B5, B6)와 가로·세로를 고른다.

2 종이를 고른다.
표지와 뒤표지는 60종류, 속지는 약 30종류 중에서 고를 수 있다.

4 제본한다.
선택한 종이를 모두 수작업으로 제본해 간다. 눈앞에서 자신의 노트가 완성된다!

3 노트철을 고른다.
5종류의 링, 고무, 버튼 중에서 선택하여 노트철을 정하자

추신스런 서비스

2층은 오더 메이드로 잉크를 만들 수 있는 스탠드. 1병 4000엔(예약 필요)

볼펜과 만년필, 편지 세트가 갖춰진 점내. 테스트 써보기도 가능

쓰는 것이 즐거워지는 전문점
カキモリ
카키모리

'즐겁게 쓰는 사람.'을 테마로 오리지널 노트와 잉크를 만들 수 있는 문구점. 노트는 속지 교환이 가능하고, 잉크도 반복 주문할 수 있으므로 오래 사용할 수 있어 애착이 생긴다.

Map P.121-C1 구라마에(蔵前)

🏠 다이토구 미쓰이 1-6-2 1F
☎ 050-1744-8546
🕐 12:00~17:00, 토·일·공휴 11:00~18:00
🈺 월
🚇 지하철 구라마에역 A3 출구에서 도보 6분

좋아하는 사람의 향기에 감싸이고 싶다.

예산 **2400엔~**

최애 혹은 좋아하는 모티프, 원하는 향기를 떠올리고 스태프에게 말하기만 하면 자신만의 향수 조합을 찾을 수 있다!

1 인터뷰 시트 기입
이미지 컬러와 성격, 연령, 직업 등 향기의 이미지를 쓴다.

2 더욱 이미지를 심화한다.
'계절에 비유하면' 등 더 깊고 상세한 질문에 대답해 간다.

3 선택된 향기를 맡아본다.
5종류의 향기를 픽업. 도중에 커피콩 등 전혀 다른 냄새를 사이에 넣으면 리셋된다.

휴대용 굿즈도!

좋아하는 향수를 넣어 휴대할 수 있는 각종 아토마이저도 있다.(440엔~)

아로마 펜던트(1480엔)는 항상 몸에 착용하고 있을 수 있다.

투명 보틀 아토마이저(528엔)는 밖에서도 다시 뿌릴 수 있다.

4 밖에 나가 향기를 느낀다.
가게 밖에서 리프레시한 후에 다시 맡는다. 여기서는 최애의 사진을 보고 더욱 이미지를 구체화하자

드디어 생각했던 2개의 향수를 선택! 향수 뿌리는 법도 가르쳐 준다.

완성!

최후의 3개 고민되네~

5 향기의 범위를 좁힌다.
3종류로 좁히고, 추가로 다른 향기도 시험해 본다. 밖에서도 확인해 보자

조합은 2000가지 이상

70% 나 홀로 정도

THE KAORI BAR FINCA
더 카오리 바 핑카

약 60종류의 향수 중에서 2종류의 향수를 조합함으로써 오리지낼리티 넘치는 향기를 얻을 수 있는 향수 전문점. 오드 뚜왈렛은 1병 2400엔(30ml)이며, 60ml와 100ml도 있다.

Map P.120-A1 신주쿠(新宿)

🏠 신주쿠구 신주쿠 6-10-1 NISSEI신주쿠빌딩 1F
☎ 03-6709-8952 🕐 11:00~19:00
🈺 연말연시
🚇 지하철 신주쿠산초메역 C7 출구에서 도보 7분

향수 뿌리는 법

· 베이스를 뿌리고 또 하나를 나중에 뿌린다. 손으로 비비는 것은 금지

· 쉽게 사라지거나 진한 경우는 뿌리는 장소를 바꿔 보자. 옷 안에 뿌리면 마일드해진다.

· 40~50도의 뜨거운 물에 1~2회 뿌리면 룸 프레그런스도 된다.

집에 있는 시간을
더 충실하게 하고 싶다.

재택근무로 길어진 집에 있는 시간을 더욱 쾌적하고 편안하게 하고 싶다! 이런 사람에게 안성맞춤인, 초심자도 할 수 있는 DIY 카페와 테라리엄 레슨을 소개

make goods

벽지를 바꾸고 싶다!

DIY 굿즈를 갖춘다.

예산 5000엔~

임대주택이니까... 라고 포기하지 말고, 조금 궁리하면 부엌이나 벽 등 원포인트만 변화를 주는 것도 가능합니다! 우선은 자신이 할 수 있는 범위에서 도전해 보자.

1 벽지를 고른다.
일본 국산 벽지는 원하는 미터만큼 살 수 있다. 벽지 풀 포함 660엔 (1m)

2 재료를 구한다.
롤러와 대나무 주걱 등이 들어있는 '벽지 5점 세트' 1177엔

3 바르는 법을 배운다.
각 도구의 사용법과 순서, 원포인트 어드바이스를 정성껏 알려준다.

원포인트
뒷면에 풀이 묻은 벽지라면 직접 풀을 바르는 수고를 덜 수 있다.

타일로 액센트를 더하고 싶다!

1 타일을 고른다.
박리지를 떼고 붙이기만 하면 되는 타일시트(1장 671~)는 다양한 컬러와 무늬가 있다.

2 붙이는 법을 생각한다.
접합 부분을 평평하게 보이게 하는 접합 시트(242엔~)를 붙이면 자연스럽게 보인다.

원포인트
양생 테이프를 붙인 다음에 타일을 깔자

Domestic wallpaper

의문점은 전부 해소!

카페도 병설
멋진 가구와 패브릭보드가 장식되어 있는 점내에서 런치와 디저트를 먹을 수 있다.
런치는 음료 하나가 곁들여져 1100엔~, 햄버거도 인기

70%
나 홀로 정도

첫 DIY라도 문제없다.

友安製作所Café 浅草橋店
토모야스제작소 카페 아사쿠사바시점

인테리어 판매점 토모야스제작소가 프로듀싱한 숍 & 카페. 전시되어 있는 상품은 모두 구입할 수 있으므로 아이템에 대해 잘 알고 있는 스태프에게 상담하자

Map P.119-B3

아사쿠사바시 (浅草橋)

♠다이토구 아사쿠사바시 1-7-2 이와사키빌딩 1F ☎03-5809-1384
⏰11:00~22:00(음식 L.O. 21:00, 음료 L.O. 21:30), 일·공휴~17:00
휴무 비정기 휴무 🚃JR 아사쿠사바시역 서쪽 출구에서 도보 2분

충실한 서비스

소품에도 사용할 수 있는 초크보드 페인트 715엔~

수입 벽지는 마리메코 등 귀여운 브랜드와 생생한 무늬도 갖추었다.

간편하게 인상을 바꾸고 싶다면 우선은 스위치 커버(1980엔)부터!

처음 하는 테라리엄 만들기

예산 8800엔~

유리용기 속에 다양한 식물을 넣어 자연공간을 만드는 '테라리엄'. 집의 인테리어로 꾸미면 힐링의 액센트가 된다!

처음이라도 문제없었습니다.

80% 나 홀로정도

Botanica Flower school

보타니카 플라워 스쿨

소재를 많이 사용할 수 있는 것이 특징인 플라워 스쿨. 1회 약 1시간. 재료와 용기는 모두 준비되어 있으며 끝난 후에는 가지고 갈 수 있다. 내용은 달마다 바뀌므로 재방문 고객도 많다.

🏠 미나토구 아오야마 5
(장소는 예약 후에 연락)
☎ 080-9464-2587
🕐 레슨에 따라 다름
💴 레슨에 따라 다름
📷 지하철 오모테산도역 B2 출구에서 도보 3분

1 테라리엄을 배운다.

하나하나 식물의 이름과 역할, 취급 방법을 배운다.

2 돌 등 무거운 것부터 넣는다.

기본적으로는 무거운 것부터 순서대로 늘어놓는다. 넣는 방법도 자유로워 높낮이 차이를 만들어도 좋다.

원포인트
테라리엄은 유리 중간에 빈 틈이 있어도 OK!

3 계속 집어넣는다.

나무덩굴은 아몬드나 열매를 고정할 수 있다. 시나몬 등 긴 것은 효과적으로 넣을 수 있다.

4 완성 작업

물 주는 게 필요한 에어플랜트는 위쪽에 두고 정리한다.

원포인트
앞뒤에서 볼 때 인상이 바뀌도록 해 보자

녹색 식물을 앞면에서 보이게 하고, 컬러풀한 인상으로 완성하였다.

완성!

식물의 특징을 알려줍니다.

레슨은 다양

매월 3가지 타입의 레슨을 실시. 스와그와 리스 등 달마다 바뀌므로 재방문하고 싶다.

온라인 레슨도 충실, 1day 레슨에서 기초를 배우는 총 6회 코스도 있다.

책에 둘러싸여 파묻히고 싶은 BOOK 스팟 7곳

뮤지엄부터 카페, 호텔까지 다양하게 즐길 수 있는 도쿄의 독서 스팟. 혼자이기 때문에 순례하고 싶은 조용한 독서 여행을 떠나보자.

아치형 천장이 압권!

인기 2 대 뮤지엄으로 !

지금 도쿄에서 가장 핫한 장소라고 하면 무라카미 하루키(村上春樹) 라이브러리와 동양문고(東洋文庫) 뮤지엄. 사진 찍기 좋은 인스타각으로 화제가 된 계단 책장과 모리슨 서고는 책 좋아하는 사람은 참을 수 없을 만큼 좋다!

B1~1층 계단 책장

오픈 천장으로 되어 있는 책장. 사진 오른쪽이 '무라카미 작품과 그 매듭', 왼쪽은 '현재에서 미래로 이어주고 싶은 세계문학작품'을 테마로 작가들이 책을 선정

새로운 책과의 만남을 기대

TOTAL
1시간~

권장
시간 건물에 따라
다름

예산 1000엔~

☕ 카페에서 중간에 휴식을 취하자

런치와 디너, 카페로 이용할 수 있는 곳이라면 오래 머물며 독서와 견학을 즐길 수 있다. 이용 시 혼잡한 시간대를 피하고 오픈 직후나 14시 이후를 권한다.

1층 갤러리 라운지

데뷔부터 현재까지의 무라카미 하루키 작품을 전시. 세계 각국에서 번역된 것까지 약 1300권이 갖춰져 있다. 안쪽 벽에는 본인이 그린 양사나이의 그림도

1층 오디오룸

무라카미 씨가 수집했던 레코드가 진열된 방. 오디오 시스템 세팅은 무라카미 씨의 오디오 어드바이저에 의한 것

B1층 무라카미 씨 서재

작업실을 재현한 공간. 의자는 무라카미 씨 서재와 같은 것이며 책상과 소파, 융단은 비슷한 사양의 것을 놓았다. 벽면의 레코드는 본인 기증.

쿠마 켄고(隈研吾)가 설계한 건물에도 주목

80%
나 홀로 추천도

早稲田大学 国際文学館 (村上春樹ライブラリー)
와세다대학 국제문학관(무라카미 하루키 라이브러리)

팬에게는 못 견디게 좋다!

2021년, 와세다대학 안에 오픈한 문학자료관. 무라카미 하루키 작품을 소장하고 있을 뿐 아니라 2층의 전시실에서는 연 2회의 기획전도 개최하고 있다. 1·2층 견학은 예약 필요.

Map P.118–A2 와세다(早稲田)

🏠 신주쿠구 와세다 1-6-1 와세다대학 국제문학관
☎ 03-3204-4614
🕐 10:00~17:00 (예약 필요, 일부 당일 접수 각 회 교대제)
💰 비정기 휴무 💰 무료
🚇 지하철 와세다역 3a 출구에서 도보 7분

橙子猫-Orange Cat-

와세다대학 학생이 운영하는 카페. 가게 이름은 무라카미 하루키 부부가 학생 시절 키우던 고양이에서 유래.

1. 슈거도너츠 300엔, 핸드드립 커피 500엔
2. 무라카미 씨가 경영하던 재즈카페 '피터 캣'의 그랜드피아노

아시아 최대의 동양학 센터
東洋文庫ミュージアム
동양문고 뮤지엄

80% 나홀로 저정

1924년, 미츠비시(三菱) 3대 당주(當主) 이와사키 히사야(岩崎久彌)가 설립한 일본 최고(最古)의 동양학 연구 도서관. 현재는 장서를 전시하는 기획전을 견학할 수 있다. 안뜰 '시보르트 가르텐'도 꼭 봐야 한다.

Map P.119-A3 코마고메(駒込)

🏠 분쿄구 코마고메 2-28-21
☎ 03-3942-0280
🕙 10:00~17:00(최종 입장 16:30)
📅 화(공휴일인 경우는 다음 평일), 임시 휴관일 있음 💴 900엔
🚃 JR 코마고메역 2번 출구에서 도보 6분

연 3회 시행되는 기획전에서는 실크로드와 이슬람 국가들, 중국, 일본까지 다양한 국가와 테마를 포괄한 전시를 실시

지혜의 오솔길

뮤지엄과 카페를 연결하는 통로. 아시아 각지의 언어로 쓰인 명언이 새겨져 있고 일본어 번역이 병기되어 있으므로 찬찬히 읽어보고 싶다.

일본 국내 최장의 전시 케이스에는 기획전에 따른 도서 등이 진열된다. 동양문고의 성립 과정에 관한 영상도 볼 수 있다.

오리엔트 홀

기획전

뮤지엄 숍

기획전에 관련된 굿즈는 물론 오리지널 상품도 다수. 모리슨 장서표 책갈피 380엔, 엽서 100엔, 토트백 1200엔

☕ **오리엔트 카페**

코이와이(小岩井)농장과 공동 프로듀싱한 카페. 1일 한정 10개의 '마리 앙투아네트의 찬합' 등도

1. 코이와이 치즈케이크와 커피를 먹을 수 있는 오리엔트 세트 1120엔
2. 카운터석이 있으므로 런치 & 디너 타임도 혼자서 방문하기 쉽다.

모리슨 서고

약 2만 4000권이 국가별로 정렬된 책장은 아름답게 라이트업되어 장관. 플래시는 금지지만 촬영할 수 있으므로 사람이 없는 타이밍을 노리자

자세히 CHECK

중국에서 편찬된 '사고전서존목총서(四庫全書存目叢書)'. 잘 보면 군데군데 잡학이나 이야깃거리가 쓰여진 것도

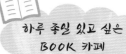

하루 종일 있고 싶은 BOOK 카페

도쿄에는 장서에 둘러싸여 식사하면서 독서를 즐길 수 있는 북카페가 많이 있다. 혼자가 될 수 있는, 편집부가 추천하는 곳을 안내

문학작품을 새운 해석으로 맛보는 BUNDAN 분단

80% 나 홀로 정도

코마바공원 안의 북카페. '아쿠타가와(芥川)' 등 문호의 이름을 붙인 커피와 '셜록 홈즈' 등의 소설에 등장하는 요리를 재현한 메뉴는 문학팬이라면 참을 수 없다.

Map P.123-C1 코마바(駒場)

🏠 메구로구 코마바 4-3-55 (일본근대문학관 안)
☎ 03-6407-0554
🕐 9:30~16:20 (L.O, 15:50)
🏖 일 · 월 · 네 번째 목요일
🚃 케이오선 코마바토다이마에역 서쪽 출구에서 도보 8분

1. 카지이 모토지로(梶井基次郎)의 소설 '레몬(檸檬)'을 테마로 한 '레몬 파르페' 단품 900엔. 음료 세트는 1250엔~. 우유로 커피를 끓인 테라다 토라히코(寺田寅彦)의 우유커피와 함께
2. 약 2만권의 장서가 벽을 채우고 있다.
3. 새로운 소설과 만날 수 있다.

아트, 음식, 여행 등 엄선된 책이 진열된 유료 공간 선서실(選書室)

하루를 즐길 수 있는 테마답고 文喫 六本木 분키츠 롯폰기

90% 나 홀로 정도

점내는 커피와 전차(煎茶)가 무한리필, 솔로용 좌석도 다수

일본 최초 입장료가 있는 서점으로 약 3만권의 서적을 판매. Wi-Fi와 콘센트를 이용할 수 있으며 원하는 자리에서 일과 자료조사에 집중할 수 있다. 1층은 무료로 정기 기획전을 개최.

Map P.119-B3 롯폰기(六本木)

🏠 미나토구 롯폰기 6-1-20 롯폰기전기빌딩 1F ☎ 03-6438-9120
🕐 9:00~20:00 (L.O, 19:00)
🏖 비정기 휴무
💰 1650엔, 토 · 일 · 공휴 1980엔
🚇 지하철 롯폰기역 3 · 1A 출구에서 도보 1분

소 볼살 하야시라이스(1188엔) 등 음식과 디저트가 충실

여행가도(街道)가 테마인 고서 찻집 KAIDO books & coffee 카이도 북스 앤드 커피

90% 나 홀로 정도

여행 좋아하는 오십니다

상시 약 1만 5천권이 가게에 진열되어 있다. 일본 국내 여행과 가도에 관한 고서가 많고, 다음 여행을 계획하게 만드는 매력적인 장서가 모여 있다. 평일 한정 런치세트와 수제 맥주도 준비되어 있다.

Map P.119-C3 키타시나가와(北品川)

🏠 시나가와구 키타시나가와 2-3-7 마루야빌딩 103
☎ 03-6433-0906
🕐 10:30~22:00 🏖 화
🚃 게이힌큐코본선 키타시나가와역에서 도보 6분

1. 점포의 최고 추천 메뉴는 수제 껍질 없는 소세지를 사용한 KAIDO도그(600엔)와 수제 레모네이드(550엔)
2. 2층은 도서관 같은 공간

밤샘할 수 있는
두문불출 호텔

책 & 만화를 읽으면서 잠든다... 정말 사치스러운 공간! 일찍 체크인해서 마음껏 자신만의 세계에 빠질 수 있는 숙박시설을 소개.

MANGA ART HOTEL, TOKYO
망가 아트 호텔 도쿄

때때로간 폭으면서 만화의 세계에 몰입! 100% 나 홀로 컨텐트

큐레이터가 고른 상시 약 700 타이틀의 만화를 자유롭게 즐길 수 있다. 여성과 남성의 층이 나뉘어 있으며, 읽고 싶은 것을 많이 발견할 것이다.

`Map P.119-B3` 칸다(神田)

- 🏠 치요다구 칸다니시키초 1-14-13 LANDPOOL KANDA TERRACE 5F
- 🕐 IN 15:00/OUT 11:00
- 💰 평일 3000엔~, 공휴일 전날 3500엔~
- 🛏 35개 베드
- 🚫 없음
- 🚇 지하철 오가와마치역 B7 출구에서 도보 1분

만화 옆에는 타이틀과 작가 이름뿐 아니라 줄거리와 선서(選書) 포인트가 쓰여진 POP가 장식되어 있다.

세면소와 샤워룸은 공용이지만 청소로 항상 청결하게 유지되어 있다. 샤워부스는 2대

각 베드에는 귀중품을 넣는 라커와 옷걸이, 슬리퍼, 전용 콘센트가 비치되어 있다. 커튼으로 구분되어 있으므로 프라이빗 공간이 유지된다.

계단식으로 되어 있는 책장은 인스타각. 여기에 앉아 독서할 수 있다.

BOOK AND BED TOKYO SHINJUKU
북 앤드 베드 도쿄 신주쿠

책에 둘러싸여 맘껏 잎을 수 있는 100% 나 홀로 컨텐트

'숙박 가능한 서점'을 컨셉으로 한 숙박시설. 약 4000권의 책은 자신의 책과 교환할 수도 있으므로 갈 때마다 새로운 발견이 있다. 데이 유스도 할 수 있는 것이 기쁘다.

`Map P.120-A1` 신주쿠(新宿)

- 🏠 신주쿠구 카부키초 1-27-5 카부키초APM빌딩 8F
- ☎ 03-6233-9511
- 🕐 IN 16:00/OUT 11:00, 카페 12:00~20:00, 데이 유스 13:00~20:00 (최종 접수 19:00)
- 💰 숙박: S3500엔~, 데이 유스 요금: 소파 1시간 700엔, 베드 1시간 960엔 (시간제한 없는 프리타임 2500엔)
- 🛏 55개 베드
- 🚫 없음
- 🚇 세이부신주쿠선 세이부신주쿠역 남쪽 출구에서 도보 1분

병설 카페에서 먹을 수 있는 카페라떼(610엔), 과일 샌드위치(900엔)

편안한 소파가 있는 라운지. 만화 "AKIRA"의 페이지가 매달려 있다.

보통의 싱글룸뿐 아니라 침대가 조금 더 큰 컴포트 싱글룸도. 각 베드에는 콘센트와 금고가 비치되어 있다.

멋×간편, 두 마리 토끼 잡기
느슨한 솔로 캠핑 입문 가이드

흥미는 있지만 아직 미경험.... 그런 캠퍼 예비군에게 나 홀로 캠핑의 매력과 요령을 가르쳐 주는 사람은 자신도 솔로 캠퍼인 모리 후미(森風美) 씨!

처음이라도 괜찮아요!

최소 장비로 시작하는 당일치기 캠핑

도쿄 근교에는 장비 렌탈 가능한 캠핑장이 늘고 있다. 처음부터 전부 갖춰야 된다고 부담 느끼지 말고, 약간의 도구로 첫 캠핑을 성공시키는 테크닉을 전수.

초심자 대상 데이 캠핑

TOTAL 5시간

권장 시간	11:30~ 16:30	예산	2만엔

💡 무리하지 않고 조금씩 장비를 수집
오른쪽 페이지에서도 소개하는 장비와 도구를 갖추면서 첫 캠핑에서는 여유 있게 낮잠을 자거나 독서를 하는 등 자연 속에 있는 것을 체험할 수 있으면 성공. 서서히 요리와 모닥불에 도전해 가자.

가르쳐준 사람은
솔로 캠퍼
모리 후미 씨

텔레비전과 잡지 등에서 활약하는 여성 캠퍼. 아웃도어 웹미디어 '나추걸(なちゅガール)'의 편집장을 하고 있으며 저서(→P.124)도 발매 중.

(URL)www.morihuumi.com
▶ 모리후미 채널(もりふうみチャンネル)

솔로 캠핑을 시작한 계기
원래 캠퍼였는데, 다른 사람과 일정이 맞지 않아 도전한 것이 시작. 멋지게 공간을 만들고, 요리하거나 모닥불을 피우면서 마이페이스로 지낼 수 있어 순식간에 빠져들었습니다.

솔로 캠핑의 매력
무엇보다도 혼자서 자유로운 시간을 보낼 수 있는 것! 비밀기지를 만드는 것 같은 감각으로 공간을 코디네이션하고 자연 속에서 느긋함을 즐길 수 있으므로 더 개방적인 기분이 될 수 있습니다.

다양한 방식으로 즐길 수 있다
경치가 아름다운 스팟에서 즐길 때도 있고, 낮에는 관광을 하고 잘 때는 캠핑할 때도 있습니다. 차를 캠핑용으로 개조해서 지금은 차로 이동하는 경우도 늘었습니다.

Yuru Solo Camp

솔로 캠핑의 준비를 하자!

한 번에 도구를 모으는 것은 허들이 높으므로 최소한의 준비물을 갖추면서 렌탈 가능한 캠핑장을 선택하는 것이 중요한 포인트. 요리와 모닥불을 피우지 않는다면 옷은 가지고 있는 것만으로도 괜찮다.

장비 & 도구를 갖춘다.

Yuru Solo Camp

조금씩 모으자

첫 캠핑에서 갖추는 게 좋은 것은 텐트, 의자 & 테이블, 매트. 그다음은 렌탈하고 조금씩 더해 가자.

모리 씨의 캐리어를 보자!
70L+쿨러박스에 모든 아이템을 수납. 칼 종류는 안쪽에 넣고, 향신료 상자는 직접 DIY. 모닥불대는 가지고 가지 않고 렌탈.

스스한 솔로 캠핑 입문 가이드

1.캐리어 2.쿨러박스 3.펙 4.경량 해머 5.멋진 랜턴 6.메인 테이블 7.침낭 8.아웃도어 체어 9.반합 10.조리용 테이블 11.나이프 12.글러브 13.파이어블로우 14.톱 15.장작 집게 16.홍차 17.슬라이드 가스 토치 18.시에라 컵 19.BBQ그릴 20.접시 & 스푼 21.머그컵 22.향신료 상자 23.핫샌드 메이커 24.랜턴 25.접이식 버너 26.도마 27.매트(코트) 28.텐트

상의
평소 입는 옷도 괜찮지만, 구입한다면 여름은 속건성, 겨울은 보온성이 높은 것을 고르자

아우터
발수뿐 아니라, 발유가공된 것도 아웃도어 브랜드는 종류도 풍부하고 기능성이 높다.

모자
접을 수 있는 것은 쓰지 않을 때 수납하기 쉬워 편리

하의
움직이기 쉬운 것과 기능성의 균형을 체크. 큰 주머니가 붙어 있으면 소품 수납에도 좋다.

복장을 생각해 보자

Yuru Solo Camp

우선은 가지고 있는 옷으로 시작하는 것도 괜찮다! 익숙해지면 조금씩 기능성도 생각하면서 기분이 상승하는 멋진 옷과 조합해 보자.

신발
신고 벗기 쉬운지 확인 필요. 샌들의 경우, 발수가공 & 발끝을 커버하고 있는 것이 좋다.

캠핑장 고르는 법

Yuru Solo Camp

장비를 렌탈할 수 있는 곳이라면 초심자라도 안심. 공공교통기관으로 쉽고 편하게 갈 수 있는 곳도 많다(캠핑장 정보→P.44).

1. 커트러리를 전부 현지에서 갖출 수 있으면 깨지는 물건을 가지고 갈 필요가 없다!
2. 테이블과 랜턴을 렌탈할 수 있는 곳도

아이템이 갖춰진 장소

L-Breath (엘브레스)
'아웃도어가 있는 일상'을 컨셉으로 캠핑용품과 등산·산악용품을 취급한다. 도쿄에는 신주쿠, 이케부쿠로, 타치카와타치히(立川立飛)점(사진) 등이 있다.

Columbia (콜롬비아)
기능성과 패션성이 높은 웨어가 갖춰진 아웃도어 브랜드. 촬영에서 모리 씨가 착용하고 있는 롱티셔츠와 멜빵바지도 콜롬비아 제품

100엔숍
조리기구와 식료품을 넣는 상자 종류는 100엔숍에서 현명하고 저렴하게 갖추자

홈센터
모닥불대 등 본격적인 것뿐 아니라, 준비물을 DIY하는 데도 사용할 수 있다.

솔로 캠핑을 가자♪

▽▽▽▽▽▽▽

준비물을 갖추면 이제 실천편!
오리지널리티 넘치는 공간을 만
들고 요리를 하거나 한가로이 생
각에 잠기거나… 각자에 맞게 보
내기 위한 조언을 모리 씨에게 물
었습니다.

사이트 코디네이트
Yuru Solo Camp

텐트를 치고 생활할 수 있는 자신
의 공간 = '사이트' 만들기를 생
각하자. 자신이 편하게 있을 수
있는 것이 최우선

텐트를 친다

원폴텐트와 돔형텐트가
있다. 익숙해지면 15분
정도로 완성한다.

☰ 돔형 텐트 치는 법 ☰

① 폴을 조립한다.

준비할 것은 돔 텐트, 펙, 펙 해
머, 그라운드시트. 우선은 폴을
전부 조립한다.

② 이너텐트를 펼친다.

텐트 밑면 사이즈에 맞는 그라
운드시트를 깔고, 그 위에 이너
텐트를 펼친다. 가능한 한 평평
한 지면을 고르자

③ 폴을 텐트에 끼운다.

2개의 폴을 텐트 꼭짓점
과 네 구석에 끼우고
텐트를 세운다.

④ 시트를 씌우고
펙으로 고정

이너텐트의 고정 후크를 걸고
플라이 시트를 덮어 고정. 지면
에 대해 45도로 펙을 박는다.

리빙 공간을 만든다

멋 & 귀여움을 고려하며 철저하게 자신의 기호
에 맞는 레이아웃을 만들자. 일상적으로 사용하
고 있는 아이템을 사용하는 것도 좋다.

완성

캐리어와 소품 등도 늘어놓으면 나만의 특별한 사이트가 완성!
기분과 목적에 맞추어 취향을 바꾸는 것도 즐거움의 하나

☰ 공간 만들기의 아이디어 ☰

**가랜드로
장식한다.**
나무 가까이에 텐
트를 치고 가랜드
를 연결하면 단숨
에 화려해진다.

텐트 안도
소품으로 장식한다.
패브릭과 멋진 랜턴
등 사진을 찍고 싶어
지도록 궁리해 보자.

**현관 매트를
놓아 본다.**
컬러풀한 매트 하
나로 마치 집에 있
는 듯한 분위기가
된다.

Complete!

촬영한 캠핑장

첫 솔로 캠핑하기에 어떨지

TINY CAMP VILLAGE
타이니 캠프 빌리지

80%
나홀로 점도

하루 몇 팀 한정으로 완전예약제 캠핑장. 캠프와 데이 캠
프를 할 수 있는 오토사이트와 실내 공간 'JIG HOUSE' 가
있으며, 장비와 식기류 등 각종 렌탈도 완비. 트레일러 사
이트도 도입.

Map P.116-C1 아츠기(厚木)

🏠 가나가와현 아츠기시 나나사와 1854 ☎070-3366-7738
🕐 데이 캠프 IN 11:30/OUT 16:30, 캠프 IN 12:00/OUT 11:00
💰 데이 캠프 1100엔, 캠프 1650엔
🚃 오다큐본선 아츠기지역에서 가나가와중앙교통버스 나나사와행을
타고 코타쿠지(広沢寺)온천 입구 하차, 도보 15분

알아두어야 할 규칙 & 매너

● 쓰레기 버리기와 분리
수거를 확실히 확인.
설거지할 때는 기름
기와 음식물쓰레기를
흘려보내서는 안 된
다.

● 사이트에서 큰 음악
을 틀거나, 주위 사람
에게 피해 주는 행동
은 피하자

● 여성 혼자의 경우, 텐
트에 자물쇠를 걸고,
남성용 신발을 놓는
등의 대책을

사전에
확인하나

간단! 캠핑밥
Yuru Solo Camp

식가는 렌탈♪

캠핑의 즐거움이라고 하면 밥. 어려운 것을 못 만들어도 괜찮다. 버너와 핫샌드 메이커를 사 모으고 Let's 쿠킹~!

Yummy!

고등어캔 핫샌드

재료(1인분)
- 식빵(8매 들이)
- 고등어캔
- 햇양파
- 상추
- 녹는 슬라이스 치즈
- 레몬즙 ★
- 굵은 후춧가루 ★
- 마요네즈 ★
- 버터

잘 구워졌다~♥

만드는 법

재료를 준비한다.
양파를 잘게 썰고 상추를 사용할 만큼 찢는다. 고등어캔은 물기를 뺀다.

테이블 위를 세팅하고 나면 식사시간. 야외에서 먹으면 더 맛있게 느껴진다!

속재료를 섞는다.
양파, 고등어캔, ★표가 붙은 조미료를 그릇에 넣고 확실히 섞는다.

빵에 속재료를 얹는다.
빵에 버터를 바르고, 치즈, 상추, 섞은 속재료를 토핑해 간다.

버너로 구워 완성
핫샌드 메이커에 넣고 뒤집으면서 양면을 골고루 굽는다.

캠프에서 지내는 법
Yuru Solo Camp

대자연 속에서 보내는 긴~ 나 홀로 시간. 특별한 것을 하지 않아도, 그냥 뒹구는 것도 자유롭다. 책을 읽으면서 잠드는 것도 사치스러운 한때

자신만의 세계에 몰두!

비가 내리면?
실내 공간에서 피를 피하면서 밥을 먹거나 독서를 하면서 쾌적하게 지낼 수 있다.

Good taste!

드러누워 독서
TINY CAMP VILLAGE에는 소설과 에세이 등이 있는 책장이 있어 자유롭게 빌릴 수 있다.

밖으로 먹으러 간다.
그 지역의 명물이나 유명점으로 먹으러 가서 관광을 즐기는 것도 물론 좋다!

+α 모닥불에 도전

준비할 것

모닥불대는 렌탈. 글러브는 필수. 착화제, 파이어블로우는 있으면 더 좋다.

❶ 불쏘시개를 모닥불대에 넣는다.
낙엽이나 솔방울, 나무껍질 같은 불쏘시개를 모닥불대에 넣는다. 작은 것부터 순서대로 넣으면 좋다.

❷ 얇은 장작을 쌓는다.
공기가 통하는 길을 만들면서 얇은 장작을 모닥불대 위에 쌓아간다. 장작을 팔고 있는 캠핑장도 많다.

❸ 불쏘시개에 불을 붙인다.
불쏘시개에 불을 붙인다. 착화제를 사용해도 좋다. 장작에 불이 붙을 때까지는 불지 않도록 한다.

완성

불이 강해지면 굵은 장작, 화력이 약해지면 얇은 장작을 넣는다. 멍하니 바라보고 있는 것도 행복하다.

45

산책 모험 9

반일(半日)만에 운수를 끌어올린다!
아사쿠사 명소 시치후쿠진 순례

아사쿠사에 산재한 절과 신사를 순례하고 복을 받는 시치후쿠진 순례. 권장 루트를 공략하고 역사 있는 아사쿠사의 거리를 산책하면서 9개 빨간 도장(御赤印)을 모으자!

시치후쿠진 순례란?

무로마치(室町)시대의 신앙에 유래하여, 1년의 행복을 기원하며 신을 모신 절과 신사에서 복을 받는 순례. 현재는 정해진 절과 신사를 돌고 빨간 도장을 받는 스타일이 정착

후쿠로쿠주(福禄寿)

복장도 잊지 않도록!

입신출세와 초연인맥(招徳人望)을 기원

① 矢先稲荷神社
야사키이나리 신사

도쿠가와 이에미츠(徳川家光)가 건립한 산주산겐도(三十三間堂)。 먼 거리 활쏘기의 과녁 앞에 이나리샤(稲荷社)가 있었던 것이 유래. 배전(拝殿)에는 말(馬) 천정화(天井畵)가 그려져 있다.

Map P.121-B1 타와라마치(田原町)

◇ 다이토구 마츠가야 2-14-1
☎03-3844-0652 ◔참배 자유(사무소 9:00〜16:30) ▣지하철 타와라마치역 1번 출구에서 도보 8분

배전(拝殿) 오른쪽에 진좌하는 후쿠로쿠주(福禄寿)는 장수의 상징인 학이 시중들고 있으며, 인간의 최고 이상적 모습을 나타내고 있다.

도쿄 최다 9 사사(寺社, 신사와절)를 효율적으로 돌자

숫자 중에서 가장 큰 숫자, 또한 길(吉)의 '비둘기(鳩)'의 한자에 사용되고 있기 때문에 9사사(寺社)가 되었다고 한다. 타와라마치역을 기점으로 이시하마(石浜)신사의 다실에서 중간 휴식을 하고, 마지막은 아사쿠사역이 최종 목적지.

최강의 파워스팟 순례 TOT 4시

권장 시간	11:00〜15:00	예산	6000엔

👛 개최시간과 봉납을 체크

1월 1〜7일에 행해지는 것이 대부분인데, 이번에 소개하는 아사쿠사 명소 시치후쿠진은 1년 내내 빨간 도장을 받을 수 있다. 빨간 도장은 1개 500엔이고, 오리지널 싸인지는 300엔을 받자

여기서 운덕 UP!

토리노이치(酉の市)로 기원한다고 하는

오토리(鷲)진 寿老人

② 鷲神社
오토리 신사

사전(社殿)에는 커다란 '나데오카메(なでおかめ)'가 있어서 코를 문지르면 금운(金運), 마주봤을 때 오른쪽 뺨을 문지르면 연애 성취 등 다양한 은덕이 있다는 것이다.

Map P.119-A4 이리야(入谷)

◇ 다이토구 센조쿠 3-18-7
☎03-3876-1515 ◔참배 자유(사무소 9:00〜17:00) ▣지하철 이리야역 3번 출구에서 도보 7분

단정한 얼굴과 균형 잡힌 주로진은 사람들이 이상적으로 생각하는 나이 드는 법을 상징. 불로장수를 받을 수 있다.

벤자이텐(弁財天)

시치후쿠진 유일의 여성신을 모셨다

③ 吉原神社
요시와라 신사

에도막부 공인 유곽이 있었던 지역에 과거 유곽에 모셔져 있던 5개의 이나리 신사와 유곽에 인접한 요시와라 벤자이텐을 합사한 신사.

Map P.119-A4 이리야(入谷)

◇ 다이토구 센조쿠 3-20-2
☎03-3872-5966 ◔참배 자유(사무소 9:00〜16:00) ▣지하철 이리야역 3번 출구에서 도보 12분

청순하며 상냥하고 아름다운 용모의 벤자이텐은 여성의 사랑과 괴로움을 정화하고 감싸주는 구원의 모습으로, 여성의 소원을 이루어준다고 한다.

에도 서민의 신앙을 모은 명소

④ 石浜神社
이시하마 신사

과거에 이시하마성(城)이 있었다고 전해지는 땅에 있는 신사. 경내에는 독특한 이시하마 토리이(鳥居, 기둥문)와 "이세모노가타리(伊勢物語)"의 미야코도리(都鳥)의 비(碑)가 있고, 다실도 병설되어 있다.

Map P.119-A4 미나미센주(南千住)

◇ 아라카와구 미나미센주 3-28-58
☎03-3801-6425 ◔참배 자유(사무소 9:00〜16:00) ▣JR 미나미센주역 남쪽 출구에서 도보 15분

石濱茶寮 楽
이시하마 다료 라쿠

메밀국수 덮밥과 메밀국수 세트(2280엔)을 비롯해 숯불구이 경단과 단팥죽 등 달콤한 메뉴도 풍부한 다실.

Map P.119-A4 미나미센주(南千住)

☎03-6806-8001 ◔11:30〜17:00(L.O.16:30), 토·일·공휴 〜21:00(L.O. 20:30) ▣수

개방적인 경치를 볼 수 있다.

1977년에 아사쿠사 명소 시치후쿠진이 부흥했을 때, 연명장수를 기원하며 목각 주로진(寿老人)이 봉안되었다.

모델 코스를 안내!

총거리	약 7.27km
소요시간	약 4시간

80% 나홀로선도 start!

 田原町駅 타와라마치역

→ 도보 10분

① 矢先稲荷神社 야사키이나리 신사역

→ 도보 23분

② 鷲神社 오토리 신사

→ 도보 5분

③ 吉原神社 요시와라 신사

→ 도보 30분

④ 石浜神社 이시하마 신사

→ 도보 30분

휴게 石濱茶寮 楽 이시하마 다료 라쿠

→ 도보 5분

⑤ 不動院 후도인

하시바 후도손(橋場不動尊)의 애칭으로 사랑받는

⑤ 不動院 후도인

개운(開運)과 액막이의 후도묘오(不動明王)가 본존(本尊). 현재의 본당은 1845년에 건립되어 에도시대의 건축 양식을 유지하고 아름답고 간소한 분위기를 남기고 있다.

Map P.119-A4 미나미센주(南千住)

🏠 다이토구 하시바 2-14-19
☎ 03-3872-5532
🕐 참배 자유(사무소 9:00~16:00)
🚃 JR 미나미센주역
남쪽 출구에서 도보 18분

본전의 복고양이의 옆에는 백복동안의 온화한 용모로 복신(福神)으로 신앙을 모으는 후쿠로쿠주가 가만히 서 있다.

福

복고양이 모토단의 복고양이

⑥ 今戸神社 이마도 신사

연애 성취의 파워스팟으로 인기 있으며, 본전에 참배하면 좋은 인연을 끌어낼 수 있다고 하는 복고양이가 맞이해 준다. '엔무스비 에마(인연 맺기를 기원하는 봉납그림)'에도 복고양이가 그림이 그려져 있다.

Map P.121-A2 아사쿠사(淺草)

🏠 다이토구 이마도 1-5-22
☎ 03-3872-2703
🕐 참배 자유(사무소 9:00~16:00)
🚃 지하철 아사쿠사역 7번 출구에서 도보 15분

장모은형 9

붉은색이 선명한 본당이 눈을 끄는

⑦ 待乳山聖天 마츠치야마 쇼텐

본존은 다이쇼칸기텐(大聖歡喜天). 무병재해와 인연 성취 등의 은덕을 나타내는 양 갈래 무가 절의 문양이기 때문에 본당 안에는 대량의 무가 바쳐져 있다.

Map P.121-A2 아사쿠사(淺草)

🏠 다이토구 아사쿠사 7-4-1
☎ 03-3874-2030
🕐 6:00~16:00 (사무소 8:30~16:00)
🚃 지하철 아사쿠사역 7번 출구에서 도보 10분

본존의 수호신으로 안치되어 있는 비사문천은 엄격한 수행에 걸맞는 늠름한 목조상.

毘沙門天

박력 있는 본당을 견학

천 세계의의 관광객이 모이는

⑨ 淺草寺 센소지

도쿄 최고(最古)의 사원. 현재의 본당은 1958년에 재건된 것. 경내에는 중요문화재 등 볼거리가 많고 후진(風神)·라이진(雷神)이 수호하는 카미나리몬(雷門)이 아사쿠사의 상징이다.

Map P.121-B2 아사쿠사(淺草)

🏠 다이토구 아사쿠사 2-3-1
☎ 03-3842-0181
🕐 참배 자유(수여소 6:00~17:00, 10~3월은 6:30~)
🚃 지하철 아사쿠사역 1번 출구에서 도보 5분

코메비츠타이코쿠(米びつ大黒)로 에도 서민에게 사랑받고, 검은색에 금색의 무늬가 특징적인 다이코쿠텐상(像). 본당 북서쪽의 요고도(影向堂)에 모셔져 있다.

에비스(惠比須)

5월의 산자마츠리(三社祭)로 유명

⑧ 淺草神社 아사쿠사 신사

도쿠가와 이에미츠에 의해 건립된 곤겐즈쿠리(權現造り), 신사 건축 양식 중 하나)의 장엄한 사전(社殿)을 갖추었다. 지역 사람들에게는 산자사마(三社樣)로 사랑받고 있다. 경내 안쪽에는 출세 개운(開運)의 '히칸이나리신사(被官稻荷神社)'가 있다.

Map P.121-A2 아사쿠사(淺草)

🏠 다이토구 아사쿠사 2-3-1
☎ 03-3844-1575
🕐 참배 자유 9:00~16:00, 토·일·공휴~16:30)
🚃 지하철 아사쿠사역 1번 출구에서 도보 6분

극채색의 목각이 특징인 에비스상(像)은 견학할 수 없지만, 그 모습이 온화하여 옛날부터 센소지(淺草寺)의 다이코쿠텐(大黑天)과 대조적이라고 한다.

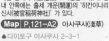

백업 도장 모으기 즐거웠다~

⑥	⑦	⑧	⑨	Goal!
今戸神社 이마도 신사	待乳山聖天 마츠치야마 쇼텐	淺草神社 아사쿠사 신사	淺草寺 센소지	淺草驛 아사쿠사역
도보 20분	도보 5분	도보 13분	도보 1분	도보 5분

미나미센주역 南千住駅

이시하마 다로 라쿠 ④

石濱茶寮 楽

明治通り 메이지도리 ⑤

이리야역 入谷駅

② ③

言問通り 코토토이도리

花川戸通り

千束通り

かっぱ橋道具街通り 캇파바시도구가이도리

⑥

⑦

⑧

⑨

淺草駅 아사쿠사역

仲見世商店街 나카미세 상점가

田原町駅 타와라마치역

⑧ ⑨

기분 좋게 열창하고 싶어!

보컬스쿨의 레슨으로 발성을 배운다.

긴장하지 말고 즐겁게요.

가르쳐주는 사람은

준비운동이 중요합니다♪

강사 ERIKA 씨

❶ 발성연습을 한다.

보이스 트레이닝 무료 레슨은 약 45분간. 선생님의 피아노와 발성에 맞추어 워밍업을 해 가자

재택근무가 증가해 사람과 이야기하는 횟수가 줄어들었는지도…
그런 지금이야말로 발성연습을 할 수 있는 보이스 트레이닝으로 레벨업

접수에서 용지에 필요 사항을 기입하고, 카운슬링을 받은 다음에 무료 레슨으로

조금 쑥스럽지만 자유롭게 부르자

Dancing Queen

You can dance, yo
Having the time of y

목소리의 특징을 살리자♪

❷ 선택한 곡을 불러 본다.

서양음악·일본음악 불문하고 1곡 골라 선생님 앞에서 해 본다. 편집 스태프는 ABBA의 "Dancing Queen"을 불렀다!

노래방 실력 상승 목표치도 대만족

ラニーボーカルス クール東京

라니 보컬 스쿨 도쿄

70% 나 홀로 선트

취미로 다니고 있는 학생이 약 70%로 부담 없이 수강할 수 있는 것이 매력. 네이티브 선생님에 의한 서양음악 레슨을 받을 수 있는 것이 최대의 특징. 3번 레슨으로 1곡을 완성하는 단기 집중 코스도 있다. 체험 레슨은 무료.

Map P.118-A2 ┃ 신주쿠(新宿)

🏠 신주쿠구 신주쿠 7-3-42 아크하우스 J1F
🕐 접수시간 10:00~22:00 ┃ 🈳 비정기 휴무
💴 1곡 완성 코스 25000엔~ (60분, 3번 레슨, 입회금 없음)
🚇 지하철 와카마쓰카와다역 카와다 출구에서 도보 7분

능숙하게 서양음악을 부르는 POINT

1. 호흡 컨트롤을 한다.

복식호흡에 유념하고 호흡이 새지 않도록. 눈앞에 종이를 잡고 넘기면 된다.

2. 음의 강약을 붙여 본다.

'Dancing Queen'이라면 '대'와 '쿠'에 액센트를 두고 다른 부분은 흘린다.

❸ 선생님으로부터 조언을 받는다.

연습방법뿐 아니라 노래의 표현과 음악에 관한 상담 등도 친절하게 해 준다. 카운슬링만 이용할 수도 있다.

☆ ☆ 향상된 기념으로 나 홀로 노래방 ☆ ☆

오늘은 내가 주연상입니다♪

모든 방이 우주선 같은 솔로용 개별룸

고음질 헤드폰과 콘덴서 마이크, 목소리를 조정할 수 있는 믹서를 갖추었다.

좋아하는 노래를 원하는 만큼 부르자

ひとりカラオケ專門店 ワンカラ 新宿大ガード店

나 홀로 노래방 전문점 원카라 신주쿠가드점

100% 나 홀로 선트

파우더룸과 여성 전용 ZONE도 있으며, 전 객실 자동 잠금 장치가 완비. 나 홀로를 만끽할 수 있는 시설이 가득한 노래방.

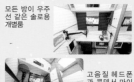

Map P.120-A1 ┃ 신주쿠(新宿)

🏠 신주쿠구 신주쿠 7-1-1 신주쿠 칼레이도빌딩 4F
📞 03-5332-8844 ┃ 🕐 24시간 ┃ 🈳 연중무휴
💴 평일 5:30~13:00 : 30분 300엔, 13:00~다음 날 5:00 : 30분 500엔
🚇 JR 신주쿠역 서쪽 출구에서 도보 5분

특등석을
발견하자♪

메인도 디저트도 맘껏 고른다♡
인기 & 최강 나 홀로 맛집
최신 업데이트!

나 홀로 초심자 & 상급자 모두에게 기쁜 소식입니다!
지금 도쿄에는 코스요리와 전골, 고기부터 애프터눈 티까지
좋아하는 것을 원하는 만큼 먹을 수 있는 솔로 한정 메뉴가 속속 등장.
서서 먹는 스타일과 잡담 금지, 카운터석이 있는 상점에도 주목☆

GOURMET

Bar

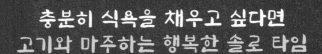

충분히 식욕을 채우고 싶다면
고기와 마주하는 행복한 솔로 타임

약간 리치한 호텔의 철판구이 코스부터 조금씩 좋아하는 것을 주문할 수 있는
인기 샤브샤브 & 숯불구이점까지 고기와 행복을 곱씹자♡

뉴질랜드산 소고기 안심 130g 코스(5500엔)는 엄선한 소스와 함께, 기본 반찬과 구운 야채는 계절에 따라 바뀐다.

70%
나홀로정도

일본산 소와 특선 검은털 와규 등 한 단계 위의 고기도 고를 수 있다.

갓 조리된 것을 베스트 타이밍에 제공합니다 !

클래식 호텔의 스테이크 식당
鉄板焼
ガーデン
철판구이 가든

카운터에서 바라보는 것도 즐겁다!

전부 7석인 카운터는 철판구이를 실컷 만끽할 수 있는 특등석 장인의 기술을 오감으로 즐기면서 눈앞에 식재료가 조리되어 가는 것을 보면 식욕도 틀림없이 증가한다.

Juuuu

야마노우에(山の上)호텔(→P.113)에 있는 레스토랑. 숙박객도 많고 차분한 분위기에서 여유 있게 철판구이를 즐길 수 있다.
간편하게 이용할 수 있는 런치를 추천하는데, 코스에는 기본 반찬, 샐러드, 구운 야채, 밥, 된장국, 야채절임이 곁들여진다.

Map P.119-A3 오차노미즈(御茶ノ水)

⌂ 치요다구 칸다스루가다이 1-1 야마노우에호텔 B1F
☎ 03-3293-2832
⏰ 11:30~15:00 (L.O. 14:30), 17:00~21:00 (L.O. 20:00)
休 화·수 (공휴일인 경우는 영업)
🚇 JR 오차노미즈역 오차노미즈바시 출구에서 도보 5분

✉ '나 홀로 샤브샤브 7대 마츠고로(七代目 松五郎)' 는 야채만 먹고 싶을 때에도 이용하고 있습니다. (사이타마현·하루)

야채 많이, 고기 많이 원하는 대로 추가할 수 있습니다 ♪

숙성 검은털 와규 상등심(1280엔)
⊗과 귀중한 야마니시(山西)목장
돼지뱃살(390엔~) 추천

전 좌석 카운터석에 밝고 스타일리시한 점내. 자리에서 추가 주문할 수 있다.

100% 나 홀로 정도

자기만의 스타일이 가능

ひとりしゃぶしゃぶ
七代目 松五郎 宮益坂上店

나 홀로 샤브샤브 7대 마츠고로 미야마스자카우에점

한 사람 한 냄비로 제공되는 샤브샤브 전문점. 주문 후 계산하는 시스템으로 야채는 S사이즈 350엔~, 고기는 S사이즈 290엔~. 배고픈 정도와 그날의 기분에 따라 다양한 조합으로 주문 가능.

고기와 마주하는 행복의 솔로 타임

◥ 2종류의 소스 ◤

6종류의 고명이 테이블 위에 있는데 특제 폰즈에는 파, 깨소스에는 마늘칩과 고추기름을 넣는 것을 추천

밥, 라멘, 당면의 3종류 인기는 라멘으로, 맛이 우러난 수프가 최고!

마무리는 3종류!

Map P.122-B2 시부야(渋谷)
🏠 시부야구 시부야 2-9-11 인텔릭스 아오야마도리 빌딩 1F
☎03-6427-9231
⏰11:30~22:00
🈺연중무휴
🚃JR 시부야역 미야마스 자카 출구에서 도보 8분

뛰어난 숙성고기를 매일 즐길 수 있는

炭火燒肉 正剛
西日暮里店

숯불구이 세이고 니시닛포리점

90% 나 홀로 정도

고기는 모두 2조각부터 주문할 수 있으므로 검은털 와규의 A5, A4 등급부터 곱창까지 다양한 부위를 즐길 수 있는 숯불구이점. 육즙과 특제 소스로 만든 일품 고기 날달걀밥(450엔)도 잊지 말 것!

탄력 있는 상우설 2조각 1100엔. 구운 샤브 2조각(500엔)은 한쪽 면을 10초씩 굽고, 계란 소스에 적셔서 먹는다.

운터석은 홀로 손님 많아 여유 게 고기와 할 수 있

소갸 메뉴가 충실하므로 추천!

Map P.119-A3 니시닛포리(西日暮里)
🏠 아라카와구 니시닛포리 5-14-12 제2이케다 빌딩 2F ☎03-6806-8648
⏰16:00~23:00, 토·일 11:30~
🈺수
🚃JR 니시닛포리역 2번 출구에서 도보 1분

도쿄에 나 홀로 샤브샤브 & 숯불구이 점포가 계속 증가 중! 이 책에서는 '샤브샤브타레스 니가메구로본점' (→P.103)도 소개하고 있다.

정통 초밥 & 간단히 서서 먹기
나 홀로 초밥 데뷔

주문하면 곧바로 나오는 초밥은 나
로 초심자에게도 추천하는 초이스.
음 방문하는 사람도 들어가기 쉽다
평판이 난 점포를 철저히 리서치!

부담 없이 드시러 오세요

1.진열장에는 엄선된 제철 재료가 있다.
2.점내는 나무의 온기가 넘치고, 자연스러우
며 현대적인 분위기

첫 가다랑어의 소금 타타키
(겉만 살짝 구운 것)(하프 사
이즈/500엔)는 스다치(영귤)
와 같이 먹자.

색채가 화려한 초무침 모듬
(하프 사이즈) 500엔

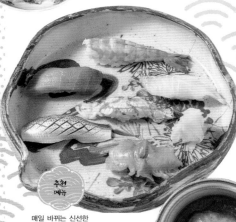

여유 있고 편안한 '은둔처 같은 가게'

초밥 이소베
おすし 磯部

Map P.123-B2

오쿠시부야(奥渋谷)

🏠시부야구 모토요요기초 2-11
☎03-6885-7515
🕐17:00~23:00 (L.O. 22:30)
📅월 (공휴일인 경우는 다음 날)
🚃오다큐선 요요기하치만역 북쪽
출구에서 도보 2분

60% 나 홀로 선도

2016년에 오픈. 카운터는 6석으로 나
홀로 손님 대상으로는 단품요리 하프
사이즈도 가능한 것이 기쁘다.
1개(110엔)부터 주문할 수 있고, 알코
올 메뉴도 풍부. 생맥주는 작은 잔
도 있으므로 살짝
마시는 데도 안
성맞춤.

수제 디저트도!

추천
메뉴

매일 바뀌는 신선한
재료를 먹을 수 있
는 오마카세 6개 초
밥(1760엔)을 기본
으로 배에 여유가
있다면 좋아하는 초
밥을 추가하자.

따끈따끈한 소
스 가 없 어 진
연근 찐빵도
명물 메뉴

라메킨에 구워낸 수제 스위트 포테
이토(400엔)를 마무리로 추천

 '서서 먹는 초밥 '네무로하나마루(根室花まる)' 는 '긴자에서 쇼핑한' 후에 '들르기 쉬운 입지와 '들어가기 쉬운 것이 매력입니다. (도쿄도 · `논)

음을 담아서 만듭니다 !

90 %
나 홀로 정도

진짜 에도마에즈시를 부담 없이♪

立喰鮨 銀座おのでら本店
긴자 타치구이스시 긴자 오노데라 본점

1. 카운터 7석의 심플한 공간
2. 모양과 식감을 위한 칼집 넣기로 정성을 더한 엄선된 재료는 한 개씩 제공된다

긴자에 본점이 있는 '초밥 긴자 오노데라' 최초의 서서 먹는 초밥점. 본점 총요리장의 감수 하에 긴자 오노데라 특제 양념장을 바른 수제 붕장어와 토요스(豊洲) '야마유키(やま幸)'에서 매입한 참다랑어를 맛볼 수 있다.

고기와 마주하는 행복의 솔로 타임

Map P.122-A2 오모테산도(表参道)
🏠시부야구 진구마에 5-1-6 일 팔라치노 오모테산도 1F ☎1050-3085-1700
🕐11:00~15:00(L.O. 14:30),17:00~22:00 (L.O. 21:30)토ㆍ일ㆍ공휴 11:00~22:00 (L.O. 21:30) 🈺비정기 휴무
🚇지하철 오모테산도역 A1 출구에서 도보 1분

초밥 메뉴

적초(赤酢)를 사용한 밥이 특징. 앞쪽부터 수제 붕장어(700엔), 수제 전어(400엔), 참다랑어 절인 붉은 살(600엔), 참다랑어 중뱃살(700엔)은 모두 간판 메뉴

홋카이도의 음식을 맛보세요 !

홋카이도산 신선 어패류가 가득

立喰い寿司 根室花まる 銀座店
긴자 타치구이 스시 네무로하나마루 긴자점

90 %
나 홀로 정도

서서 먹는 초밥 네무로하나마루 긴자점

무엇을 주문할지 망설여지면 싹싹한 요리사에게 물어보자

홋카이도 네무로에서 탄생한 인기 초밥점. 메뉴의 90%는 홋카이도의 점포와 같은 소재를 사용. 화살치가자미와 빨간대구 알 등 도쿄에서는 보기 드문 소재와 네무로 유일의 지역술 '키타노카츠(北の勝)'를 갖추고 있으며 계절마다 지역의 맛을 즐길 수 있다.

Map P.120-C1 긴자(銀座)
🏠추오구 긴자 5-2-1 도큐플라자긴자 B2F ☎03-6274-6771
🕐11:00~23:00 (L.O. 22:00)
🈺시설의 휴일에 따름
🚇지하철 긴자역 C2 출구에서 도보 1분

왼쪽부터 홍연어알 간장 절임(270엔), 겨울 방어(270엔), 중뱃살(370엔), 2층 조개관자(370엔), 추천 5개 세트(1350엔~) 등 세트메뉴도 있다.

추천 메뉴

자신에 대한 선물로 한턱 쏘기!
호화 코스 요리 잘 먹겠습니다

코스요리는 2인 이상이라 생각하고 포기하고 있지 않나요? 나 홀로 전용 코스와 나 홀로 OK인 점포가 계속 증가하고 있습니다!

Lunch Course
총 6요리 6000엔

계절의 소재를 활용한 수프와 전채, 생선과 고기요리의 메인 2종류, 히가시니혼바시(東日本橋)의 인기 빵집 'BEAVER BREAD'의 빵이 곁들여진다. 식후에는 디저트, 구운 과자, 커피가 나온다.

> 배추절 와인을 다수 갖추었습니다!

셰프 니시(西) 씨

한 단계 위의 베트남 체험
Ăn Cơm 안꼼

80% 나 홀로 전도

가이엔마에(外苑前)의 인기 모던 베트남 식당 'An Di'의 자매점. 일본의 유기농 식재료를 이용하면서 본고장의 요소를 더해 에스닉 요리와 사케, 소주, 와인 등을 페어링하는 참신한 스타일을 제안.

Map P.118-C2 히로오(広尾)

🏠 시부야구 히로오 5-4-16 2F ☎03-6409-6386
🕐 11:30~15:00 (L.O. 14:00), 17:30~23:00 (L.O. 22:00)
📅 월 · 화 🚇지하철 히로오역 2번 출구에서 도보 1분

셰프 아오키(青木) 씨

> 베트남요리 X사케가 잘 어울립니다!

Dinner Course
총 8요리 5500엔

파파야, 레몬그라스 등의 베트남 식재료와 시메사바(소금과 식초에 절인 고등어)와 붕장어 등 일식의 요소를 계절에 따라 조합한 신감각의 요리가 늘어선다. 쌀국수와 디저트까지 곁들여져 대만족의 라인업.

가까이에서 쉬운 정통 비스트로
Neki 네키

70% 나 홀로 전도

프랑스 알자스 지방과 별점 레스토랑에서 경험을 쌓은 니시 셰프가 2020년에 오픈. 일본의 식재료를 사용한 캐주얼한 프렌치를 먹을 수 있다. 현대적인 인테리어의 점내에 여성 나 홀로 손님도 늘고 있다고 한다.

Map P.120-B2 니혼바시(日本橋)

🏠 추오구 니혼바시카부토초 8-1 카부토초 제4평화빌딩 1F
☎03-6231-1988
🕐 11:30~15:00 (L.O. 14:00), 18:00~21:00 (L.O. 20:00)
📅 비정기 휴무
🚇지하철 카야바초역 10번 출구에서 도보 2분

혼자서 코스요리를 즐기는 POINT

1 카운터석이 있는 점포를 고르자
다른 사람의 시선이 신경 쓰이지 않고, 오픈키친이라면 주방의 모습도 보면서 요리를 기다릴 수 있다. 또한 나 홀로 손님이 다니는 경우가 많으므로 나 홀로 손님 동료를 만날 수 있는 가능성도.

2 나 홀로 OK인지 예약 사이트를 체크
'코스는 2명~'이라는 점포도 있으므로 궁금한 점포를 발견했다면 예약 사이트(→P.125)의 입력 화면을 보자. 점포 소개 페이지에 '나 홀로 환영'이라고 써 있으면 더욱 들어가기 편할 것이다!

3 나 홀로 분량 OK인지 확인하자
코스요리가 없는 점포라도 한 사람 분량으로 단품요리 주문이 가능한지 사전에 물어보자. 전채, 메인, 디저트를 순서대로 주문해 가면 자신만의 풀코스가 된다!

나 홀로 코스
4요리 3800엔

전채, 파스타, 메인, 디저트를 각각 여러 개 중에서 고를 수 있는 고정 가격 스타일이 되어 있다. 식후 차 제공. 글라스 와인이 충실하므로 낮부터 살짝 마시는 것도 좋다.

몇 번 와도 즐길 수 있는 풍부한 메뉴

셰프 카메야마 (亀山) 씨

나 홀로의 허들이 한층 낮아진

BISTRO J_O 비스트로 죠

100% 나 홀로섬도

혼자라도 그날의 기분에 따라 좋아하는 요리를 즐길 수 있는 비스트로. 나 홀로 손님용의 'HITO-RI-EAT(나 홀로 먹기)' 전용석에서는 긴자를 한눈에 볼 수 있다. 메뉴와 와인은 이나가키 고로(稲垣吾郎, 일본의 인기 그룹 SMAP의 멤버)가 감수하였다.

Map P.120-B2 긴자(銀座)

- 추오구 긴자 2-4-6 긴자Velvia관 9F
- ☎03-6271-0388
- ⏰11:00~16:00(L.O. 15:00), 17:00~23:00(L.O. 21:00)
- 비정기 휴무
- 지하철 긴자잇초메역 5번 출구에서 도보 1분

첫 일본요리 코스는 여기에서!

室町 三谷屋
무로마치 미타니야

60% 나 홀로섬도

일본 국산 재료와 산지 직송의 싱싱한 생선이 자랑인 일본식당으로 사케 셀렉트도 풍부. 현장감 넘치는 카운터석 한정으로, 나 홀로 손님용 코스요리를 제공하고 있다. 평일은 예약 없이 들어갈 수 있는 경우도 (사전에 확인하는 것이 좋다).

Map P.120-A2 니혼바시(日本橋)

- 추오구 니혼바시무로마치 4-3-10 히데나가빌딩 B1F ☎03-3527-9472
- ⏰11:30~15:00(L.O.14:00), 17:30~23:00 (L.O. 22:00)
- 일·공휴
- JR 신니혼바시역 2번 출구에서 도보 3분

갓 조리한 것을 최고의 상태에서 제공합니다!

나 홀로 손님 일본요리 코스
8요리 7700엔

전채, 회, 나물, 제철 생선요리, 진미, 전골, 회덮밥, 디저트까지 본격적인 코스요리를 만끽할 수 있다. 많은 인원에게는 양이 부족하여 제공할 수 없는 희소 부위를 사용한 메뉴가 추가되는 경우도.

점주 미타니 (三谷) 씨

오하로운 코스요리

귀여운 작은 반찬에 심쿵♡
진화형 정식집
업데이트

혼밥의 강력한 우군은 정식집. 프렌치부터 중화요리까지
버라이어티 풍부한 멋진 장소를 개척!

나홀로정도 **90%**

釜元たん米衛
恵比寿店
카마모토탄 베이 에비스점

전 좌석 스타일리시한 카운터석인
우설 정식 전문점. 밥은 교토의 유
명점 '8대 기헤이(八代目儀兵衛)'
의 브랜드 쌀을 주문이 들어온 다
음 솥으로 짓는다. 추가도 가능
(350엔).

Map P.122-C2 에비스(恵比寿)

⚑ 시부야구 에비스미나미 1-3-8 플뢰르타
치바나 1F
☎03-6451-2122
🕐11:30〜22:00 (L.O. 21:00)
🚫두 번째 월요일(공휴일인 경우는 다음 날)
🚉JR 에비스역 서쪽 출구에서 도보 2분

나홀로정도 **80%**

프렌치 코스x정식 밥상

ふれんち御膳
Mono-bis
프렌치 밥상 모노비스

프랑스요리를 정식 형태로 만들어
'한 상 완결'을 컨셉으로 짧은 시
간에 코스 같은 메뉴를 즐길 수 있
다. 요리는 콩소메부터 순서대로
제공되며, 메인과 달마다 바뀌는
계절 작은 반찬 6개로 구성.

Map P.122-B2 시부야(渋谷)

⚑ 시부야구 시부야 2-8-12 라
글리시누 1F
☎03-3797-1017
🕐모닝 2부제 8:30〜, 10:00〜, 런
치 2부제 12:00〜, 13:30〜, 디너
3부제 17:30〜, 19:00〜, 20:30〜
🚫목 🚉JR 시부야역 미야마스자카 출구에서 도보 8분

**햄버그
로시니 밥상
4500엔**

와규 햄버그 위에 푸아그
라와 계란후라이, 양주와
트뤼프를 사용한 특제 소
스를 ON!

정식에 크래프
트 맥주와 와
인을 한 잔…
이렇게 시간
을 보내는
것도 가능

새로운 프렌치를
체험하세요!

**부야베스 밥상
4500엔**

남프랑스 프로방스의 명물 '부
야베스'가 메인인 밥상. 어패
류를 맛본 후에는 남은 밥을 넣
어 리조또를 만들자. 밥 종류도
정기적으로 바뀐다. 사진은 브
이용으로 지은 것.

✉ '프렌치 밥상 Mono-bis'에서 모닝을 예약하고, 오믈렛 밥상을 먹었습니다. 아침부터 행복한 시간이었습니다! (도쿄도 · mimi)

우설 고추가름과
먹는 간장!

MIX 우설 정식
2000엔

오리지널 소금 소스로 양념된
두꺼운 우설, 중간 두께, 얇은
두께가 2장씩 있는 세트. 작은
반찬은 10종류 이상 중에서 2
종류 고를 수 있다. 소힘줄은
무한리필. 된장국과 구운 김,
절임도.

우설은 탁상의 동판 플레
이트 위에서 보온된 상태
로 먹을 수 있다.

과자가게도 병설

'Hibino 과일 파
이, 5개 650엔으
로 계절 절한
정을 포함하
여 여러 종류를
판매한다.

쿠키(380엔~)와 카눌레,
피낭시에 등 선물로도 좋다

진화형 정식집

작은 반찬은
화상
진화합니다!

두 형제가
귀엽잖습니다!

밥의 정식×수제 맥주로 저력 반주

ATSUMI食堂
아츠미 식당

100%
나 홀로 선도

본가가 아사쿠사에서 대중식당을 하고 있
다는 젊은 형제가 오픈한 정식집. '나
로 손님 환영'을 내걸고 파스타 등
의 서양풍 정식도. 술도 마시고 싶
은 사람을 대상으로 하는 수제
맥주 세트(2000엔)도 있다.

신슈타로(信州太郎)
돼지고기 된장절임 정식
1280엔

나가노현(長野県) 타로 농장의
돼지고기를 약간 달콤한 된장
소스로 구워내 밥과 잘 어울린
다. 밥도 사케와 소금, 겨기름을
섞어 질냄비로 지었다. 매일 바
뀌는 반찬 3종류와 수프도 제공
된다.

자스민 티포트

먹는 순서
고민된다!

Map P.119–B3   진보초(神保町)

🏠 치요다구 칸다사루가쿠초 1-2-4
☎ 03-5577-2904
🕐 11:30~15:00(L.O. 14:30), 17:30~22:00(L.O. 21:30)
📅 토·일·공휴
🚇 지하철 진보초역 A4 출구에서 도보 4분

츄카라오르(츄반자이)(교토풍 가지나물) 작은 반찬

日々の中華食堂
매일의 중화식당

70%
나 홀로 선도

중화
오반자이 정식
1400엔

오반자이는 매일 바뀌는
데, 아보카도와 새우의
무즙 소스 등 변화구부터
중국의 본격적인 가정요
리까지 다양. 작은 반찬
이 6개에 밥, 자차이, 수
프 제공.

점잔 빼지 않고 편하게 이용할 수 있는
중국요리점. 점내에 병설한 'Hibino 과자'의
과자도 그 자리에서 먹을 수 있다. 밥에는 작은
반찬(500엔~), 만두도 1개 단위로 주문할 수 있으
므로 혼자 이용하기도 쉽다.

Map P.123–B1   요요기우에하라(代々木上原)

🏠 시부야구 우에하라 1-33-11 TOPCOURT4 1F ☎ 03-5790-9655
🕐 11:00~15:00 (L.O. 14:30), 17:00~23:00 (L.O. 22:30)
📅 비정기 휴무 🚇 오다큐선 요요기우에하라역 남쪽 출구 1번 출구에서 도보 1분

'매일의 중화식당' 병설 'Hibino 과자'에서 구입한 과자는 식후 디저트로 그 자리에서 먹을 수도 있다.

몸이 따끈따끈♪

??

디톡스망라 해독이 이루어지는 약선 수프

薬膳レストラン10ZEN 青山店
약선 레스토랑 주젠 아오야마점

한방 전문점 쿠스리니혼도(薬日本堂)가 프로듀스하는 레스토랑. 자양 가득한 약선 수프 메뉴가 풍부하며, 자신의 체질에 맞는 메뉴를 고를 수 있는 것이 기쁘다.

Map P.122-A2 오모테산도(表参道)

🏠미나토구 아오야마 5-10-19 아오야마신요빌딩 B1F ☎050-5385-1671
🕐11:30~15:30 (L.O. 14:30), 17:00~23:00 (L.O. 22:00) 🗓연중무휴
🚇지하철 오모테산도역 B1 출구에서 도보 2분

약선 카레도 인기!

약선 샐러드바는 플러스 800엔

미양(美養) 수프 런치 1800엔
자라 육수 수프에 한약재와 소슈코하쿠토리(総州古白鶏)의 감칠맛이 듬뿍. '기허(氣虛)·혈허(血虛)' 타입에게 좋다.

메뉴에 따라 밥과 작은 디저트가 제공된다.

헬시 & 뷰티
나 홀로 손

지넨조(自然薯) 간 참마 전골 1780엔
육수는 일본풍. 메인 식재료는 곱창과 돼지목살, 계절 한정 등 4종류에서 고를 수 있다. 마무리로 간 참마죽(590엔)도 있다.

스태미너 만점~!

부담 없이 뚝딱 먹을 수 있는 전골은 최강이 아닌가? 약
나 홀로 다

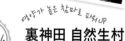

위: 표면을 뒤덮은 간 참마
오른쪽: 제철 야채가 들어간 전골에 참마를 IN!

영양가 높은 참마로 파워 UP

裏神田 自然生村
우라칸다 지넨조무라

지넨조(自然薯) 참마 전문점. 참마 캐는 장인이 직송한 지넨조를 사용한 요리를 맛볼 수 있다. 큼직하게 썬 회 하프 사이즈(390엔)와 고로케 2개(480엔) 등이 인기.

1.소주가 많이 진열된 진내
2.'나 홀로 손님 환영'이라고 입구에도 써 있다.

파부미유에도 좋습니다!

카운터는 3석이지만 나 홀로용 메뉴라 인업은 풍부

Map P.120-A2 칸다(神田)

🏠치요다구 우치칸다 3-17-6 코야마 제3빌딩 1F
☎03-3251-0833
🕐11:30~14:30 (L.O. 14:00), 17:00~23:30 (L.O. 23:00) 🗓비정기 휴무
🚃JR 칸다역 북쪽 출구에서 도보 1분

✉ '10ZEN 아오야마점'에서는 그날의 몸 상태에 따라 런치를 주문합니다. 카운터도 있으므로 혼자라도 들어가기 쉽다! (도쿄도·aoi)

火鍋&モダン中華バル
花椒庭 丸の内店

훠궈 & 모던 중화 바르
카쇼테이 마루노우치점

히로오에 본점이 있는 약선 훠궈
전문점 레스토랑. 캐주얼하게 본
격 중화와 훠궈를 즐길 수 있고
밤에는 나 홀로용 2색 전골 메뉴
가 등장.

Map P.120-A1 마루노우치(丸の内)

🏠치요다구 마루노우치 1-4-1 마루노우치에이
라쿠빌딩 B1F ☎050-5595-1421
🕐11:00~14:30 (L.O. 14:00), 17:00~23:00
(L.O. 22:00) 🈺일
🚇지하철 오데마치역 B1 출구 직결

70% 나 홀로 정도

한 번에 2배 즐길 수 있는 본격 훠궈

부담 없이 들어오세요!

점내는 모던한 분위기로, 테이
블석도 널찍하다.

야채, 면, 샤오롱바오 제공. 소스는 매
콤한 두반장과 계란노른자와 함께 섞
은 깨 등 2종류

나 홀로 훠궈 2200엔

수프는 어패류 육수의 북
경풍과 매운맛이 나는 사
천풍 2종류. 고기는 양고
기와 카고시마현(鹿児島
県)산 돼지고기 삼겹살

맛에 변화를 주면서 먹자!

나 홀로 손님 전용 전골 곳곳

모두 잡는다
전용 전골 4곳

야채도 고기도 한 번에 맛볼 수 있는
훠궈 등 미용과 건강에도 좋은
전골에 주목!

나 홀로용 전골은 양갈
장는 정도가 딱 좋다!

레몬동과차
(오른쪽/539
엔)와 타이완
닭튀김(소)
495엔

BOILING POINT

보일링 포인트

일본에 첫 상륙한 타이완 나 홀로 전골 전문점

LA에서 시작되어 현재는 세계에
20개 이상의 점포가 있다. 해산물
과 LA 인기 넘버원의 소고기부터
카레와 된장 등 총 9종류의 전골
이 있다.

Map P.122-B1 시부야(渋谷)

🏠시부야구 우다가와초 33-1 그랜드도쿄시부
야빌딩 301 ☎03-6455-3226
🕐11:30~21:00(L.O. 20:30),
토・일・공휴 22:00(L.O. 21:30)
🈺연중무휴
🚇JR 시부야역
하치코 출구에서
도보 6분

타이완 홀로
느껴보세요!

70% 나 홀로 정도

취두부에
중독된다.

하우스
스페셜 전골
1705엔

취두부와 고기,
야채가 듬뿍. 매
운맛은 5단계
이고 3종류의 소스
를 황금
비율
로 섞
어서
먹는
다.

나 홀로 전용
탁상 버너가
기쁘다.
밥이나 라멘
제공

멋진 공간의 점내

대화 금지?!인 솔로 찻집 & 카페에서 파묻힐 수 있는 베스트 시트 발견

생각에 잠기거나 마음껏 책을 읽고 싶을 때... 철저하게 자신의 세계에 몰입할 수 있는 장소를 소개!

커피와 음악을 즐긴대!

베스트 시트

레트로 인테리어도 멋지다!

레트로의 운치 있는 안내 간판은 초대(初代) 점주가 직접 만든 것이라고

벽에 장식되어 있는 작곡가 회화. 손님의 정품도 많다 한다.

입구 바로 옆의 사자 부조도 초대 점주가 직접 조각한 것

90% 나홀로 점수

클래식 & 커피와 마주하는
名曲喫茶ライオン
명곡 찻집 라이온

매일 15시와 19시에 정시 콘서트가 있는데, 곡 순서는 1개월마다 바뀐다. 홈페이지와 리플렛에서 확인할 수 있다.

정시 콘서트

커피는 600엔. 밀크셰이크와 레몬스쿼시 등의 찻집 드링크도 충실

창업 1926년의 노포 찻집. 점내는 2층으로 오픈천정이 되어 있으며 모든 자리가 스피커가 있는 무대를 향해 있다. 사진 촬영과 대화는 금지. 클래식 음악을 조용히 즐기는 귀중한 공간으로 존재하고 있다.

Map P.122-B1 시부야(渋谷)

🏠 시부야구 도겐자카 2-19-13
☎ 03-3461-6858
🕚 11:00~22:30(L.O. 22:20)
🈺 연중무휴
🚉 JR 시부야역 하치코 출구에서 도보 7분

달마다 바뀌는 리플렛

음향의 프로가 소리의 파장을 측정하여 만든 특별주문제작 스피커. 중후한 입체음향을 낸다.

대박력 스피커

✉ 시부야에서 쇼핑을 한 후에는 혼자서 조용히 보낼 수 있는 '명곡 찻집 라이온'에 가는 것이 정해져 있습니다♪ (도쿄도・나나(奈々))

서랍을
열어 보자!

편지 세트도
준비되어 있다.

편안한 시간을
보낼 수 있다!

アール座読書館
아르좌 독서관

숨 돌릴 수 있는
드라이빗 공간

100%
나 홀로 정도

베스트 시트

대화 엄금의 북카페. 각각 컨셉이 다른 좌석에는 수조와 테라리엄 등 장난스러움이 가득한 장치가 숨겨져 있다. 약 1000권의 장서에서 좋아하는 책을 읽을 수 있다.

Map P.118–A1 코엔지(高円寺)

🏠스기나미구 코엔지미나미 3-57-6 2F
☎03-3312-7941 ⏰12:30~22:30(L.O. 22:00)
📅월(공휴일인 경우에는 다음 날)
🚇JR 코엔지미나미역 남쪽 출구에서 도보 5분

1. 풍요로운 녹색으로 편안하게 자리가 구분되어 있어 다른 사람의 눈을 신경 쓰지 않고 시간을 보낼 수 있다.
2. 포트로 서비스되는 홍차(680엔). 2시간에 1잔이 대략적 기준

카운터석에서
견치도!

짐에서 시간 보내는 법

새로운 책을
발견하여 독서

100%
나 홀로 정도

fuzkue初台
후즈쿠에 하츠다이

독서를 좋아하는 사람들을 위한
사치스러운 시간

베스트 시트

누울 수 있는
쾌적 소파♪

책 읽는 것에 특화한 점포. 요금은 자릿세와 음료 및 음식의 조합으로 정해진다. 자릿세 1500엔만으로 독서에 빠지는 것도 OK. 블렌드(700엔), 베이크드 치즈케이크(500엔) 외에 정식과 안주류도.

선정자의 추천 코멘트만을 의지하여 책을 구입할 수 있는 '후즈쿠에 문고'

Map P.118–B2 하츠다이(初台)

🏠시부야구 하츠다이 1-38-10 니묘빌딩 2F
⏰12:00~23:30 📅연중무휴
🚇케이오선 하츠다이역 남쪽 출구에서 도보 20초

다른 점포도 체크!

Map P.123–A2 니시오기쿠보(西荻窪)

🏠스기나미구 젠부쿠지 1-2-1 세모아 니시오기 101호
⏰12:00~18:00, 금·토·일 ~22:00
📅연중무휴
🚇JR 니시오기쿠보역 북쪽 출구에서 도보 12분

Map P.123–C1 시모키타자와(下北沢)

🏠세타가야구 다이타 2-36-14 BONUS TRACK 안
⏰12:00~18:00, 금·토·일 ~22:00
📅연중무휴
🚇오다큐선 시모키타자와역 남쪽 출구에서 도보 5분

'fuzkue 하츠다이'는 해외의 소설과 잡지까지 버라이어티 풍부. '아르좌 독서관'은 시집과 사진집도 많다. 책과의 만남도 기대하고 싶다.

aruco 조사팀이 간대!! ①

산 것을 그 자리에서 먹는 것도 OK!

아자부주반 상점가의 노포를 먹으며 걷자!
근사한 반찬 & 달콤한 디저트 선수권

80% 나 홀로 섬도

절 앞 거리로 번성한 아자부주반 상점가 주변은 지금도 격식 있는 상점이 많이 남아있는 지역, 거리를 산책하면서 절대로 놓칠 수 없는 한 손에 들고 먹는 맛있는 간식을 찾자~

부드러운 감자가 듬뿍!

100년 오뎅
단품 150엔~ Ⓑ

육수가 가득 배어있는 수제 리큐아게 (흰살 생선에 깨를 뿌려 튀긴 것)와 차조 튀김, 구운 원통 어묵은 필수! 또한 한펜(부드러운 어묵)과 달걀도 함께

구성진
반찬

가지고 가서 저녁 반찬으로도 먹을 수 있는 반찬을 내비게이션

수제 라 우스(無二) 다시마소금을 뿌린다.

와규 듬뿍
특상 고로케 Ⓐ
324엔

홋카이도산 감자를 사용하고, 특별주문한 고급 빵가루를 이용해 가벼운 식감으로 완성한 일품. 먹으면서 걸을 수 있도록 갓 만든 것을 준비해 준다.

좋아하는 오뎅을 좋아하는 만큼♪

麻布十番大通り
아자부주반오도리 Ⓔ Ⓓ Ⓕ

Ⓐ

麻布十番駅
아자부주반 🚇

きみちゃん像
키미짱 동상 Ⓑ

麻布
아자부주반

麻布通り
아자부도리

網代公園
아미시로 공원

麻布
十番
아자부주반

Ⓒ

고로케 그랑프리의 단골
Ⓐ **楽万コロッケ**
라쿠만 고로케

대게 프리미엄 고로케와 고기를 감싼 라쿠만 멘치카츠(각 388엔)도 인기 메뉴. 매일 바뀌는 메뉴 및 계절 한정 메뉴도. 평일은 도시락도 판매하고 있다.

Map P.121-C2

🏠미나토구 아자부주반 1-5-26
☎03-6434-0664
🕐11:00~20:00 休연중무휴
🚇지하철 아자부주반역 7번 출구에서 도보 4분

1921년 창업한 오뎅 전문점
Ⓑ **福島屋**
후쿠시마야

1층에서는 상시 10종류 이상의 오뎅과 어묵을 테이크아웃할 수 있다. 2층은 식당으로, 옛날 오뎅 정식과 미소 오뎅 정식을 먹을 수 있다.

Map P.121-C2

🏠미나토구 아자부주반 2-1-1
☎03-3451-6464 🕐11:00~22:00(L.O. 21:30) 休연중무휴
🚇지하철 아자부주반역 4번 출구에서 도보 1분

향기로운 팥소가 참을 수 없다!

하나하나 정성을 다해 굽습니다!

달콤한 과자
역사와 전통을 느끼는 화과자의 깊은 세계로

붕어빵 E
1개 180엔
토카치(十勝)산 팥을 8시간 동안 끓여 바삭한 얇은 반죽으로 감싼다. 특별제작한 틀을 사용하여 '하나씩 구워' 하루 약 2000개를 굽는다. 전화로 예약도 가능

닌교야키(人形焼き) F
1개 120엔
행운을 가져다주는 시치후쿠진(七福神)이 모티프인 닌교야키는 토카치(十勝)산 팥소를 가득 넣어 3대와 4대 점주가 매일 굽는다.

오구라(小倉) 샌드 C
1134엔
탄바다이나곤(丹波大納言, 일본의 고급 팥)을 100% 사용하여 버터로 구워낸 토스트는 테이크아웃할 수 있는 인기 상품. 사전 예약 추천

옛날 부터의 제조법을 지키면서 만듭니다!

소금 오카키 (쌀과자) (대) D
756엔
우오누마(魚沼)산 찹쌀을 사용. 반죽은 햇빛에 말린 후 고온의 겨기름과 참기름으로 튀긴다. 점포에서는 갓 튀긴 상품을 살 수 있다.

노릇하게 구워진 토스트는 최고♪

1927년경에 오사카에서 창업한

C 天のや
아마노야
칸사이(関西)풍의 육수와 겨자를 넣은 마요네즈소스와 잘 어울리는 '달걀샌드'가 명물. 점내에서는 탄바다이나곤 팥죽도 먹을 수 있다.

1865년 창업한 콩과자 전문점

D 麻布十番 豆源本店
아자부주반 마메겐본점
50종류 이상의 콩과자와 30종류 이상의 쌀과자가 있으며, 말차(378엔)와 땅콩과자(324엔)부터 본점 한정 모짜렐라 아몬드(540엔)까지 다수.

1909년 창업한 붕어빵의 원조

E 浪花家総本店
나니와야 총본점
1대 점주가 '메데타이(경사스럽다)'와 연관 지어 타이(鯛, 도미) 모양으로 만들기 시작한 것이 타이야키(붕어빵)의 발상. 타이야키 모나카(1260엔)와 야키소바, 빙수 등의 메뉴도 팬이 많다.

1910년 창업한 화과자점

F 麻布十番 紀文堂
아자부주반 키분도
손으로 구워 닌교야키와 와플, 센베이 등 버라이어티 풍부한 라인업. 와플은 커스터드와 말차 외에 계절 한정 소도 있다.

Map P.121-C2
🏠미나토구 아자부주반 3-1-9
☎03-5484-8117 🕐12:00~16:30, 18:30~22:00
🈳화, 비정기 휴무
🚇지하철 아자부주반역 1번 출구에서 도보 1분

Map P.121-C2
🏠미나토구 아자부주반 1-8-12
☎03-3583-0962 🕐10:00~18:30
🈳화, 비정기 휴무
🚇지하철 아자부주반역 7번 출구에서 도보 2분

Map P.121-C2
🏠미나토구 아자부주반 1-8-14
☎03-3583-4975 🕐11:00~19:00
🈳화(공휴일인 경우는 다음 날), 세 번째 수요일 🚇지하철 아자부주반역 7번 출구에서 도보 2분

Map P.121-C2
🏠미나토구 아자부주반 2-4-9
☎03-3451-8918
🕐9:30~19:00 🈳화
🚇지하철아자부주반역 7번 출구에서 도보 3분

'아자부주반 상점가'는 일본에 처음 상륙한 점포와 유명 파티시에의 양과자 등 최첨단 점포도 많이 있다. 신구(新舊) 각각의 장점을 즐기자♪

파티시에르의 프로 솜씨에 주목! 나 홀로 즐기는 카운터 디저트

주문 후에 눈앞에서 완성해 가는 카운터 디저트는 박력 만점이며 기다리는 시간도 지루하지 않다! 여성이 활약하는 점포라면 혼자서도 들어가기 쉽다.

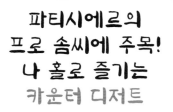

비주얼 최강 파르페를 먹자♡

쇼콜라 르와얄
2530엔

가토 쇼콜라에에 트뤼프 바닐라 아이스와 초코크럼블, 페퍼크레스를 토핑. 안에는 적포도주와 베리 소스가 듬뿍

파티시에르
엔메지 미야(延命寺美也) 씨

도쿄의 제과점과 중국요리점을 거쳐 오모테산도의 프렌치 레스토랑 'LATURE'에서 파티시에르를 맡은 경험을 가진다. 2019년에 점포 오픈.

계절 파르페
2420엔

수제 브리오슈를 사용한 따끈한 프렌치 토스트와 일본 국산 딸기, 식용 장미와 아이스, 무스까지 볼륨 만점

디저트X와인의 최강 콤비

70%
나 홀로 적합

EMMÉ WINE BAR

엔메 와인바

파티시에르와 소믈리에 부부가 운영하는 점포. 취향을 저격하는 디저트 메뉴와 질 좋은 와인을 중심으로 런치와 디너 코스도 제공하고 있으며, 다양한 장면에서 이용할 수 있는 것이 매력.

Map P.122-B2 시부야(渋谷)

🏠시부야구 시부야 2-3-19 로제오야마 1F
☎03-6452-6167 ⏰12:00~16:00 (L.O. 15:30), 17:00~다음 날 1:00 (L.O. 23:30) 📅비정기 휴무
🚇JR 시부야역 미야마쓰자카 출구에서 도보 10분

 'Patisserie Lotus'의 콩블랑 카시스(1350엔)는 덤주가 들어있어 어른의 맛이었습니다. (로쿄도 • 본탄)

캐러멜에 오렌지를 투입한다.
프라이팬 위에서 캐러멜을 태우고, 맛의 바탕이 되는 오렌지소스를 투입

크레프 반죽을 굽는다.
반죽을 프라이팬에 붓고 균일하게 되도록 크레프를 굽는다.

플랑베하여 완성한다.
그랑 마르니에 리큐어를 넣고, 알코올을 증발시킴으로써 향기 좋은 일품으로 완성한다.

2021년에 흥셜 & 리뉴얼

Patisserie Lotus
파티스리 로터스

80% 나혼자성도

제철 과일을 사용한 디저트를 즐길 수 있는 파티스리. 1층 숍에서 케이크와 구운 과자를 구입 가능. 2층은 현장감 넘치는 카운터 디저트가 매력인 식당 공간이 되어 있다.

Map P.123-A2 니시오기쿠보(西荻窪)

🏠 스기나미구 쇼안 3-37-23 시마빌딩
☎ 03-5336-3207
🕐 10:00~19:00, 12:00~18:00 (카운터)
🈺 비정기 휴무
🚉 JR 니시오기쿠보역 남쪽 출구에서 도보 3분

카운터 디저트

크레프 쉬제트
1080엔

산미가 들어있는 신뜻한 오렌지소스와 달콤한 바닐라아이스. 따뜻하고 쫄깃한 크레프의 식감이 매치!

파티시에르
하라시마 마카(原島未希) 씨

가구라자카(神楽坂)의 카운터 디저트점 '아틀리에 코타'에서 약 3년 반 수업을 쌓은 후, 2017년에 점포를 오픈. 항상 새로운 메뉴를 개발.

한 번에 여러 가지 맛을 즐길 수 있어 사치스러운 기분~

계절의 파르페
1990엔

10종류 이상의 층이 쌓인 파르페는 1~2개월마다 바뀐다. 아이스와 크런치는 모두 수제로 금박의 사탕 장식이 화려하다.

두 점포 모두 좌석 예약도 접수하고 있다. 비어 있으면 그냥 가도 들어갈 수 있지만, 휴일은 사전에 예약하고 가는 것이 좋다.

ホテル雅叙園東京

80% 나홀로정도

뮤지엄 호텔에 활홀감

호텔 가조엔 도쿄

호텔 안의 레스토랑 'New American Grill "KANADE TERRACE"'의 애프터눈 티는 1인당 1개의 스탠드로 제공되므로 나 홀로 손님에게 안성맞춤. 계절마다 바뀌는 디저트의 종류도 풍부.

Map P.118-C2 메구로(目黒)

🏠 메구로구 시모메구로 1-8-1 ☎050-3188-7570(레스토랑 종합안내) 🕐티타임 14:30~17:30
📅연중무휴
🚇JR 메구로역 서쪽 출구에서 도보 3분

「계절의 애프터눈 티
4950엔~」

멋진 둥근 스탠드에는 디저트가 2종으로 진열되어 있고, 세이버리도 한 접시 제공된다. 총 12~13종류로 충실한 라인업이다

1. 음료는 리필 자유이고 계절의 음료도 3종류 정도 준비되어 있다.
2. 호화찬란한 장식과 정원을 보며 개방감 있는 자리에서 차분하게 보낼 수 있다.

차번 산책도

우키요에(浮世絵)를 모티프로 한 회랑의 목조 판자와 폭포가 흐르는 정원 등 약 2500점의 일본화와 미술공예품을 견학할 수 있다.

나 홀
예약
애프터
홀

보기 좋고 화려히
세이버리를 전
누구에게도 방해받

말차 스페셜을 즐기세요!

80% 나홀로정도

찬합이 귀여운 일본풍 애프터눈 티

寿月堂 銀座 歌舞伎座店

주게츠도 긴자 가부키자점

애프터눈 티 세트 3060엔

아차(芽茶), 최고급 호지차, 말차 샷 등 3종류의 차와 페어링을 즐길 수 있다. 토대에 김을 사용한 '특제 베이크 치즈케이크'가 자랑

1. 병설된 숍에서는 차와 일본풍 디저트를 구입할 수 있다.
2. 쿠마 켄고(隈研吾)가 설계한 점내를 정밀(靜謐)한 공간. 카운터석도 있다.

1854년 창업한 마루야마(丸山) 김 상점이 운영하는 일본차 전문점. 찬합에 들어있는 일본풍 티세트에는 한입 초밥과 김을 사용한 샌드위치 등 신감각 세이버리도 다수. 전날까지 예약 필수.

Map P.120-C2 긴자(銀座)

🏠추오구 긴자 4-12-15 가부키자타워 5F
☎03-6278-7626
🕐10:00~17:30 (차 L.O. 17:00)
📅연중무휴
🚇지하철 히가시긴자역 3번 출구에서 도보 1분

✉ 미슐랭 스타를 받은 초밥집이 이용한다고 하는 '쥬게츠도'는 김, 치즈케이크와 샌드위치가 일품 (도쿄도 · 하루카)

タカノフルーツティアラ

타카노 후르츠 티아라

70% 나 홀로 적성도

타카노 후르츠 팔러 신주쿠 본점에 병설되어, 자른 과일 무한 리필과 애프터눈 티(세트는 한 사람이 한 개까지 주문 가능)를 함께 즐길 수 있는 것이 매력. 커피·홍차도 무한 리필로, 시간은 넉넉한 120분.

Map P.120-A1 신주쿠(新宿)

🏠 신주쿠구 신주쿠
3-26-11 5F
☎03-5386-5147
🕐11:00~21:00
(최종 입점 19:00)
🈺연중무휴
🚇JR 신주쿠역 동쪽
출구에서 도보 1분

과일을 눈앞에서 담아주는 실연 코너

자른 과일을 무한리필!

자른 과일 무한 리필 & 애프터눈 티 5500엔

과일은 오든 종류 제패하자♪

디저트, 과일, 가벼운 식사의 3단 플레이트로 구성. 다양한 모양으로 가공한 과일을 즐길 수 있다.

분이 좋아지는 디저트 &
먹겠습니다!
는 티타임을 보내자.

나 홀로 고객 전용 애프터눈 티 스페셜(3시간) 8500엔

3단 플레이트와 구운 과자, 아이스에 더해 보기에도 아름다운 스페셜 디저트도 제공. 엄선한 커피도 무한 리필

배츄럴하고 챌시!

BARNEYS CAFE BY MI CAFETO

바니스 카페 바이 미카페토

100% 나 홀로 적성도

커피 전문점인 '미카페토'의 카페. 소재를 엄선하여 유기농 야채와 과일을 사용한 애프터눈 티가 인기(예약은 2일 전 15시까지).

Map P.120-C1 긴자(銀座)

🏠 추오구 긴자 6-8-7 바니스 뉴욕 긴자 본점 3F
☎03-6263-8480
🕐11:00~20:00 (L.O. 19:30)
🈺비정기 휴무
🚇지하철 긴자역 A1
출구에서 도보 3분

1.그림이 장식된 밝고 널찍한 점내
2.애프터눈 티를 주문하면 드립백과 구운 과자가 들어있는 선물도 제공된다.

혼자이기 때문에 도전하고 싶다

솔로 Bar 추천

허들이 높은 혼술이지만 편집부가 자신 있게 추천하는 곳을 엄선.
혼잡 타임을 피해 오후~저녁에 들어갈 수 있는 곳도 있다!

SOLO BAR

2022년 2월 오픈
체험형 와인숍 & 바

STEP 1

스마트폰으로 간단!

스마트폰으로 진단한다.

기호를 알기 위한 진단 기록 만들기. 과일 중에서 좋아하는 향기를 고르거나, 좋아하는 요리를 고르는 등 간단한 질문이므로 와인 지식이 없어도 OK

STEP 2

진단 결과 발표

레드, 화이트, 스파클링 각각의 결과를 표시. 총 38타입으로 분류된 독자적 와인 차트에서 자신에게 맞는 타입과 매치 정도를 알 수 있다.

타입별 설명 카드

진단을 바탕으로 와인을 선택♪

STEP 3

자신에게 딱 맞는 와인을 체크

카드에는 맛과 향기의 이미지, 추천하는 산지와 품종의 조합이 써 있어서 어떤 와인을 고르면 좋을지 일목요연

셀프 시스템

STEP 4

와인을 시음하고 기록한다.

②의 결과를 바탕으로 한 스마트폰 진단 기록에는 마신 와인에 대한 평가를 기입할 수 있다. 마신 와인을 평가할수록 기호 데이터가 업데이트되는 시스템으로 되어 있다.

드링크 바 같다!

STEP 5

그 자리에서 채점하자!

동전을 구입하여 와인을 시음

시음할 수 있는 와인은 상시 30종류 정도로, 2주일마다 바뀐다. 20ml(275엔~)의 소량으로 많은 종류를 시음해 보고 싶다.

바 영업도!

점포가 선택한 단맛 와인과 스파클링은 카운터에서 제공된다. 미네랄워터와 크래커 세트 및 각종 안주도

도서관 같은 셀러

셀러에 설치된 단말에서는 궁금한 상품을 골라 인쇄할 수 있다. 선반 번호가 기재되어 있으므로 원하는 와인을 곧바로 찾을 수 있는 것이 기쁘다.

보틀에는 상품 정보로 이어지는 QR코드와 타입 분류 씰이 기재

찾아낸 와인은 물론, 그 자리에서 구입할 수도 있다.

나 홀로 정도 **70%**

와인XT의 차세대 숍
wine@EBISU 와인 앳 에비스

스마트폰으로 간단히 할 수 있는 타입 진단을 바탕으로 새로운 와인 체험을 할 수 있는 점포. 셀러에는 전 세계 와인이 약 800종류 있으며, 점내에서는 시음과 맛 비교도 할 수 있다.

Map P.122-C2 에비스(恵比寿)

🏠 시부야구 에비스미나미 1-4-12 3F
☎ 03-6303-3164
🕐 숍 12:00~21:00, 금·토 ~22:00, 일·공휴 ~18:00,
Bar 17:00~, 토·일·공휴 12:00~
🚃 화 ⬛ JR 에비스역 서쪽 출구에서 도보 2분

✉ 'wine@EBISU' 에서는 자신에게 맞는 상표를 알 수 있어 와인을 산 집에서 즐기고 있습니다. (가나가와현·M)

낮부터 논알코올 칵테일!

1. 토닉과 금귤을 사용
2. 편안한 카운터석
3. 베리와 파프리카를 사용한'LOW-NON-BAR'
4. 초콜릿×와사비의 'WA"BI"SABI'

바 체험에 오십시오!

일본 최초의 무알코올 칵테일 전문점

LOW-NON-BAR 로 논 바

80% 나 홀로 정도

목테일(무알코올 칵테일)과 저알코올 칵테일을 맛볼 수 있다. 차지료 880엔에 1잔 1200엔~. 시그니처 메뉴인 'LOW-NON-BAR'를 비롯한 창작 칵테일을 제공.

`Map P.119-B3` 아키하바라(秋葉原)

- ☎ 치요다구 칸다스다초 1-25-4 마치 에큐트 칸다 만세바시 S10
- ☎ 03-4362-0377
- ⏰ 14:00~23:00
- 🚫 휴관일에 준함
- 🚇 JR 아키하바라역 덴키가이 출구에서 도보 4분

최고의 나 홀로 전용 바

1잔이라도 대환영!

1. 카운터 8석의 점내
2. 여성 바텐더도 있어 말걸기 쉬운 분위기를 만들어주므로 안심♪
3. 칵테일은 모두 1000엔. 리퀘스트에도 대응 가능

혼자서 밤에 놀고 싶은 사람들을 위한 바

お一人様限定BAR 新宿店

나 홀로 손님 한정 BAR 히토리 신주쿠점

100% 나 홀로 정도

나 홀로 손님 한정 바. 여성은 차지 무료(보통 30분 500엔)이고, 논알코올 메뉴도 있다. 매주 월요일 or 수요일은 여성 손님이 저렴해지는 레이디스 데이.

`Map P.120-A1` 신주쿠(新宿)

- ☎ 신주쿠구 카부키초 2-46-7 다이아산히라사와빌딩 7F
- ☎ 050-5216-6514
- ⏰ 월 · 수 19:00~다음 날2:00, 화 · 목 · 일 19:00~24:00 경, 금 · 토 19:00~다음 날5:00
- 🚫 연중무휴
- 🚇 세이부신주쿠선 세이부신주쿠역 북쪽 출구에서 도보 1분

한 손에 술을 들고 깨달음을 배우는

坊主バー 스님 바

60% 나 홀로 정도

다양한 종파의 승려가 있는 바. 독경과 설법도 하고 있어 고민이 있을 때 다니고 싶다.

`Map P.118-B2` 요츠야산초메(四谷三丁目)

- ☎ 신주쿠구 아라키초 6 AG빌딩 2F
- ☎ 03-3353-1032
- ⏰ 19:00~다음
- 🚇 지하철 요츠야산초메역 4번 출구에서 도보 3분
- 🍸 불교와 관련된 이름의 칵테일 각 900엔.
- 일상생활에서 실천 가능한 가르침을 받자

연애상담에는 점집만이 나 있다

フォーチュン BAR タロット 포춘 BAR 타롯

70% 나 홀로 정도

1건 1100엔으로 부담 없이 타롯점을 볼 수 있다. 차지료는 안주 제공으로 770엔.

1. 몇 개월 앞까지 점칠 수 있다. 카드의 위아래가 마주하고 있으면 '정위치'로 좋은 의미인 것이 많다
2. 오리지널 칵테일 '운명의 고리' 990엔

`Map P.120-A1` 신주쿠(新宿)

- ☎ 신주쿠구 카부키초 1-2-7 세이자칸 빌딩 9F
- ☎ 03-3209-0666
- ⏰ 19:30~다음 날5:00
- 🚫 연중무휴
- 🚇 지하철 신주쿠산초메역 B7 출구에서 도보 5분

aruco 취재 스태프의 단독 뒷이야기

'내가 추천하는 원격근무 카페'

PC 하나만 있으면 좋아하는 장소에서 원격근무할 수 있는 시대가 도래했다!
평소에 편집 스태프가 이용하고 있는 카페를 살짝 알려드립니다.

온라인 미팅도 가능한 일하는 사람을 위한 스타벅스

콘센트도 완비!

2층은 나 홀로용 부스로 구분된 퍼스널 공간이 예약 가능하며, 웹미팅을 할 수 있는 간이 개별룸 부스석도 있다. 1층은 음료와 음식 구입 가능. (편집부 W)

スターバックスコーヒー CIRCLES 銀座店
스타벅스 커피 CIRCLES 긴자점

90%
나 홀로 성도

Map P.120-C2 긴자(銀座)
♠추오구 긴자 3-7-6 CIRCLES 긴자 ☎03-6228-6715 🕐7:00~22:30
🚩비정기 휴무 🚇지하철 긴자잇초메역 11번 출구에서 도보 3분

책 좋아하는 사람이 모이는 시부야의 오아시스 일도 진척되는 귀중한 공간

궁금한 책은 읽어보자

적절한 정도의 대화와 음식도 OK인 어른을 위한 도서실은 Wi-Fi와 전원도 준비되어 있습니다. 프리 드링크 플랜은 1일 3000엔, 알코올 플랜은 4000엔? (편집부 M)

森の図書室 숲의 도서실

90%
나 홀로 성도

Map P.122-B1 시부야(渋谷)
♠시부야구 우다가와초 23-3 시부야 다이이찌킨킨코도빌딩 8F
🕐9:00~22:45 🚩비정기 휴무 ☎03-6455-0629 🚇JR 시부야역 하치코 출구에서 도보 1분

노르웨이에서 탄생한 오쿠시부야의 커피숍

이른 아침부터 오픈하고 있으므로 브로스트 & 사워도우 빵의 아침식사를 하면서 자료를 읽거나 수첩을 열심히 보고 있습니다. 낮에는 붐비므로 피하는 것이 좋다. (편집부 M)

카운터 석도 있다!

FUGLEN TOKYO 푸글렌 도쿄

→ P.28

신주쿠산초메역에 직결한 위치로 만남 장소로도 좋다!

파인 두 알코올도

밤늦게까지 영업하고 있는 다이닝 카페. 요리도 종류가 풍부하므로 일을 하고 바로 저녁식사를 할 수도 있습니다! 물론 전 좌석 전원 완비에 Wi-Fi도 사용할 수 있습니다. (편집부 W)

Caffice 카피스 신주쿠(新宿)

80%
나 홀로 성도

Map P.120-B1
♠신주쿠구 신주쿠 4-2-23 신율 curumu빌딩 2F ☎03-3356-1567 🕐10:00~23:00 (음식 L.O. 22:00, 음료 L.O. 22:30) 🚩연중무휴 🚇지하철 신주쿠산초메역 E6 출구 직결

시부야의 원격근무 카페라고 하면 여기!

편안하고 쾌적~!

메이지도리(明治通リ) 옆에 위치한 널찍한 카페로, 전 좌석 콘센트와 Wi-Fi 완비. 원격근무는 물론 PC작업을 하면서 회의하기도 편리합니다. (라이터 K)

70%
나 홀로 성도

FREEMAN CAFE 프리맨 카페
Map P.122-B1 시부야(渋谷)
♠시부야구 시부야 1-6-14 메트로플라자 2F ☎03-5766-9111 🕐9:00~23:00 (L.O. 22:00) 🚩비정기 휴무 🚇JR 시부야역 미야마쓰자카 출구에서 도보 4분

3만권의 책에 둘러싸인 조용한 환경에서 작업할 수 있다.

당분을 취하여 머리도 맑게!

전원과 Wi-Fi 완비 좌석이 있어 일이 진척됩니다. 1650엔으로 하루 종일 지낼 수 있는 것도 포인트. 피로하면 다실에서 살살 녹는 커스터드 푸딩(638엔)을 먹고 리프레시. (라이터 K)

文喫六本木 분키츠 롯폰기

→ P.40

SPBS가 운영하는 책 x 라운지 x 카페

스태프가 엄선한 책!

엄선한 책, 아이부터 어른까지 즐길 수 있는 음료 & 음식, 쾌적한 작업환경이 갖춰진 점포. 전원, Wi-Fi, 영상통화를 할 수 있는 공간도 있습니다. (편집부 M)

SPBS TOYOSU 에스피비에스 토요스
`Map P.119-C4` 토요스(豊洲)
☎코토구 토요스 2-2-1 어번도크 라라포트 토요스 3·4F
☎03-6225-0540 ●8:30~19:00, 목~21:00, 일·공휴10:00~ ☺시설에 준함 ⚇유리카모메 토요스역 2번 출구에서 도보 2분

90% 나 홀로 정도

일의 고민과 과제를 생각하기 위해 이용할 수 있는 것이 기쁘다♡

편지를 쓰는 것 이외의 목적으로 들러도 된다. 평일은 일과 독서를 위해 이용할 수도 있고, 전원과 Wi-Fi도 자유롭게 사용할 수 있다. 요금은 3시간 1320엔, 5시간 2000엔. (편집부 M)

自由丁 지유초 → P.95

자유공제 보낼 수 있다.

유유자적 할 수 있는 2층!

3층 & 옥상을 즐길 수 있는 구라마에역 근처의 복합시설

1층은 커피스탠드로, 셀프서비스 방식의 먹는 공간도. 디저트와 음료를 먹을 수 있는 2층은 카페 & 라운지 스페이스로 되어 있고 여유 있는 좌석 배치이므로 회의에도 안성맞춤. (라이터 K)

en cafe 엔 카페 → P.95

시모키타자와에서 원격근무한다면 새로 생긴 라운지에서♪

2·3층은 전용 앱으로 좌석과 음료를 예약할 수 있는 시스템이다. 이용 요금은 1시간 750엔이며 월간 요금도 있다. 라운지를 이용하면 병설 카페가 무한리필이라는 것도 장점! (편집부 W)

웨이팅 호스도!

(tefu) lounge 테프 라운지 → P.11

시간제 렌탈 회의실과 부스도 있어 회의에 OK

플랜도 다양!

1층의 카페 라운지는 시간제. 1시간 660엔으로 음료도 요금에 포함된다. 전자레인지와 전기포트, 냉장고, 식기를 자유롭게 사용할 수 있는 공용 키친도 있대. (라이터 K)

BASE POINT 베이스 포인트
`Map P.120-A1` 신주쿠(新宿)
☎신주쿠구 니시신주쿠 7-22-3 ☎03-5332-8332 ●10:00~20:00(최종 접수 19:00, 월액 등록으로 최대 7:00~23:00) ☺비정기 휴무 ⚇JR 신주쿠역 서쪽 출구에서 도보 10분

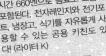
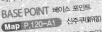

90% 나 홀로 정도

키친도 활용하자

전 좌석 전원 콘센트, 고속 Wi-Fi 완비! 원격근무 및 일하기 편한 카페

회원 등록 불필요. 카페에서 1잔의 음료를 주문하면 이용 가능! 대형 모니터 & 화이트보드가 있는 장소는 회의나 미팅에도 사용할 수 있습니다. (편집부 W)

Cafe & Connect 카페 앤 커넥트
`Map P.120-A2` 니혼바시(日本橋)
☎추오구 니혼바시혼마치 3-1-8 오카츠네빌딩 1F ☎03-6262-6111 ●7:00~23:00 ☺토·일·공휴일은 전세 예약 중심) ⚇JR 신니혼바시역 5번 출구에서 도보 1분

집중할 수 있는 데스크!

70% 나 홀로 정도

HIGUMA Đoughnuts x SOUR the park 의 도너츠 & 음료

슈거도너츠(250엔)와 논알코올도 가능한 사와(위스키·브랜디·소주에 레몬이나 라임 주스를 넣어 신맛을 낸 칵테일) 500엔

야외에서 알코올x 디저트♡

2020년에 탄생한 광대한 부지에서 시트를 펼치고 느긋해지고 싶다.

IKE·SUNPARK 이케 선 파크
토시마구 최대 규모를 자랑하는 방재공원

원내에는 커피와 반미 샌드위치 전문점, 스파이스 카레 등 소형 점포가 있는 'KOTO·PORT'와 카페가 있다. 주말마다 파머스 마켓이 열린다.

Map P.118-A2 이케부쿠로(池袋)

🏠 토요시마구 히가시이케부쿠로 4-42
☎ 03-6914-1782 🕐 5:00~22:00 🈺 연중무휴
🚇 지하철 히가시이케부쿠로역 6번 출구에서 도보 5분

OSHA PIC!

테이크아웃 메뉴 이용객에게 담요 무료 대여도

화창한 날의 새로운 선택지는 이거!

공원 주변의 인기 카페에서 테이크아웃하고 #멋진 피크닉

90% 나 홀로 정도

6종류의 아침식사 플레이트와 런치 메뉴가 있는 'EAT GOOD PLACE'

카페도 있다!

도쿄에는 자연이 풍요로운 공원이 산재. 병설된 카페 & 레스토랑이나 가까운 멋진 카페에서 테이크아웃하여 우아하게 피크닉을 즐기자♪

벤치에서 느긋하게

넓찍한 중앙광장은 휴게 스팟

그 외에 추천하는 공원

MIYASHITA PARK 미야시타 파크
옥상에 도시형 공원을 가진

남북의 건물에 약 90개의 숍 & 레스토랑이 있고, 약 1000㎡의 '잔디 광장'은 휴게 장소가 된다.

Map P.122-B1 시부야(渋谷)

🏠 시부야구 진구마에 6-20-10
☎ 03-6712-5630 (접수시간 11:00~18:00)
🕐 RAYARD MIYASHITA PARK 11:00~21:00 (점포에 따라 다름), 시부야구립 미야시타공원 8:00~23:00
🈺 RAYARD MIYASHITA PARK: 비정기 휴무, 시부야구립 미야시타공원: 연말연시
🚇 JR 시부야역 하치코 출구에서 도보 3분

代々木公園 요요기공원
도회의 힐링 삼림욕 스팟

숲이 우거진 중앙광장, 주말의 이벤트도 주목되는 야외 스테이지와 스포츠 시설 등도 겸비하였다. 오쿠시부야(→P.28)의 숍에서 테이크아웃하고 여유를 즐기자.

Map P.123-B2 하라주쿠(原宿)

🏠 시부야구 요요기카미조노초 2-1
☎ 03-3469-6081 (요요기공원 서비스센터)
🕐 산책 자유 🈺 연중무휴
🚇 JR 하라주쿠역 동쪽 출구에서 도보 3분

후로라이에메(→P.22)의 테이크아웃 메뉴

철판 크로크마담 토스트(1700엔)와 FUGLEN TOKYO(→P.28)의 커피

봄과 가을에 제철을 맞이하는 아름다운 장미원(園)은 사진 찍기 좋은 스팟

井の頭恩賜公園 이노카시라 은사 공원
울창한 나무가 푸릇푸릇 휴식되는 오아시스

주변에는 미타카의 숲 지브리 미술관(三鷹の森ジブリ美術館) 등 볼거리도 많고, 테이크아웃 가능한 카페가 늘어서 있는 도립(都立)공원.

Map P.123-A1 기치조지(吉祥寺)

🏠 무사시노시 고텐야마 1-18-31
☎ 0422-47-6900 🕐 24시간 🈺 연중무휴
🚇 JR 기치조지역 남쪽 출구에서 도보 5분

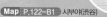

아침부터 밤까지 돌면서 미(美)의 풀코스로 자신을 갈고닦는 나 홀로 휴일♪

완전 휴일의 하루는 미래의 자신에게 투자하는 뷰티 day!
네일→마사지→자연파 화장→타이완 샴푸→사우나...
마음껏 스케줄을 채우는 것은 혼자이기 때문에 가능.
조금 사치하여 멋진 레이디가 됩시다♡

자신에게 맞는 한방을 찾아서 체질 개선♪

한방에 대해 물었습니다!

동양의학의 원점이기도 한 '식(食)'을 기반으로 하여, 작은 이상과 몸의 문제에 어프로치하여 건강 라이프를 서포트하는 것이 한방입니다. 다이도코로 한방(台所漢方)에서는 오랜 기간의 지식과 경험으로부터 일본과 중국의 식물을 블렌드한 차를 제안. 물론 개별적 한방 상담에도 응대하고 있습니다.

Rampo tea

한방영양사 후루오야(古尾谷) 씨

고민별 추천 한방차

블렌드 와한차(和漢茶)는 상시 15종류 이상이며, 홈페이지에서도 구입 가능. 피부미용과 냉(冷) 대책 등 목적별로 고르기 쉽게 되어 있다. 각종 4g×14포 1620엔.

몸의 안쪽부터 한방차 & 공예차

일상생활 속에서 실천하기 맛있게 마시기만 하면 피로 케어, 나아가

1
알로에 아보레센스 & 10종류 차
배 볼록이 신경 쓰이는 사람에게 좋다. 알로에 아보레센스에 결명자와 동규 등 피부미용에도 좋은 식물을 블렌드

2
카다멈 & 살구씨차
몸의 순환을 좋게 하고 카다멈의 스파이시한 향기로 에너지 상승. 의욕을 지속시키고 싶을 때 안성맞춤

3
홍차 생강인삼차
여성의 생리통과 산부인과 고민을 해결해 주는 차로, 뱃속부터 따끈따끈하게 해 준다. 냉(冷)에도 좋다.

4
심황 & 율무차
기름이 많은 식생활이 신경 쓰일 때나 술을 자주 마시는 사람에게는 이것. 깔끔하게 마실 수 있고 약간 씁쓸한 풍미가 인기인 상품

5
민들레 뿌리 & 루이보스차
엄마들에게도 안심인 논카페인. 향기로운 커피와 같은 맛으로, 마시는 맛이 있고 냉(冷) 대책에도 좋다.

6
장미 & 루이보스차
비타민C와 폴리페놀을 듬뿍으로 투명&촉촉한 피부로 인도한다. 장미의 우아한 향기로 편안해진다.

한방 상담도 가능

첫 회 카운슬링은 30분 무료(예약 필요). 10일분 7700엔~. 1개월 단위 등 장기 처방도 가능. 생활에 맞는 음용 방법까지 가르쳐 준다.

진료 카드에 증상을 기입
일상생활에서의 이상과 평소의 식생활 등을 자세히 기입한다.

여성 특유의 고민도
카운슬링을 받는다.
'질병은 아니지만 왠지 이상하다'는 고민까지 주의 깊게 들어준다.

며칠 후 처방된 한방이 도착한다.
가루약과 정제로 준비된 한방을 먹고, 자신의 몸 상태 변화를 관찰

때때로 건강을 서포트하는
台所漢方
다이도코로 한방

100% 나 홀로 섭동

1976년 창업한 약초와 한방약 전문약국을 기원으로 하는 한방 전문점. 일본과 중국의 블렌드차, 보중제 등의 판매와 건강 상담을 하며 건강을 스스로 판별하는 한방 라이프를 제안.

Map P.122-C1 나카메구로(中目黑)

🏠 메구로구 히가시야마 1-3-3
☎ 03-3794-4976 ⏰ 12:00~17:00
🗓 일 · 공휴 🚇 지하철 · 도쿄토요코선 나카메구로역 서쪽 출구1에서 도보 7분

 '긴자 쿠로이소스'의 공예차는 계절 한정 등도 있으므로 어머니날과 크리스마스 등의 선물로 구입합니다. (도쿄도 · 마루)

공예차는 1986년에 중국 동부 안후이성(安徽省)에서 탄생하였습니다. 고안한 왕팡성(汪芳生)씨는 모양뿐 아니라 맛에도 신경 써서 무농약 찻잎을 엄선하여 사용하고 있습니다. 쿠로이소스에서는 현지와 직접 거래하여 매입하고 있으므로 오리지널 상품도 많이 갖추고 있습니다.

공예차에 대해 물었습니다!

하나씩 피는 꽃이 달라 궁금해진다~!

한방차&공예차 전문점

긴자점 부점장 하라다 (原田) 씨

Craft tea

셀프케어
전문점

쉬운 한방 & 공예차. 평소 쌓인 스트레스와 미용까지 일석삼조!

1 오버 더 레인보우
이뇨 작용과 독소 배출 효능이 있는 금잔화에 자스민의 무지개 아치가 걸린다. 녹차 베이스의 맛과 은은한 꽃의 향기가 마음을 힐링시켜 준다. 1개 360엔

2 캔들 서비스
오렌지색의 백합 대좌 위의 초를 이미지. 비타민C가 많이 함유된 천일홍의 붉은 꽃이 열려 불이 붙은 것처럼 보인다. 1개 360엔

3 꽃바구니
공국(貢菊), 천일홍, 금잔화, 장미 등 4종류의 꽃이 형형색색으로 피어나는 모습은 볼 만하다. 피부 미용과 릴랙스, 안정(眼精) 피로에도 좋다고 한다. 1개 831엔

목적별 공예차 종류
스탠다드한 공예차 20종과 예술성 높은 강예명차(康藝銘茶) 100종류를 갖추었다. 위장(胃腸)을 정비하는 것과 안정(眼精) 피로 등 종류별 다양한 효능도.

工芸茶専門店 銀座クロイソス
공예차 전문점 긴자 쿠로이소스

90% 나홀로정도

장인이 하나하나 손으로 만든 공예차를 상시 100종류 이상 갖춘 전문점. 오리지널 유리포트도 판매하여 초심자도 도전하기 쉽다.

Map P.120-C1   긴자(銀座)

🏠 추오쿠 긴자 7-10-10
☎03-5568-2200
🕙11:00~20:00 🈺연중무휴
🚇지하철 긴자역 A3 출구에서 도보 5분

차 시음도 가능
시음차가 준비되어 있으므로 공예차의 설명을 들으면서 잠시 티타임을 보내자.

차분히 맛을 보자

'미녀차(美女茶)'와 '홍금상화(紅錦上花)'의 2종류. 곁들임 과자와 함께

피렌체에서 400년의 역사를 자랑하는 세계 최고(最古)의 약국

made in **Italy**

레트로 포장과 인테리어도 놀칠 수 없다!

이탈리아

뷰티

유럽의 2대 미용대국에서 태
사랑스러운 디자인과 엄선한
일상생활에서 사용하면

세기를 넘어 사랑받는 브랜드

サンタ・マリア・ノヴェッラ銀座

산타 마리아 노벨라 긴자

90% 나 효로 성도

자연치유와 예방의학이라는 사상을 바탕으
로 천연원료를 사용하며 옛날 그대로의 제
법을 계승한다. 13세기 도미니크 수도회의
제약활동을 기원으로 하여 17세기에 약국으
로 인기받은 후에는 왕후귀족의 어용 점포로.

Map P.120-C1 긴자(銀座)

🏠 추오구 긴자 6-8-17 ☎03-3572-2694
🕚11:00~20:00 📅비정기 휴무
🚇지하철 긴자역 A1 출구에서 도보 2분

1. 피렌체 본점을
   생각나게 하는
   선반이 늘어선
   점내
2. 힐링 효과가 높
   은 캔들은 선물
   로도 권장
3. 달콤새콤한 석류
   와 장미 등 다
   양한 향기의 비
   누

◁◁◁ 손에 넣고 싶은 아이템 ▷▷▷

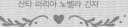

왼쪽부터 산타 마리아 노벨라를 대표하는 '아쿠아
델라 레지나', 추천은 '프리지어', '로사 가데니
아' (50ml) 각 1만 1770엔

석 류 의 목 욕 소 금
(500g/7700엔)으로
우아한 목욕 시간

현존하는
최고(最古)의
레시피

로즈 워터(250m
l/3850엔)은 몸의
보습과 린넨 워터
로서도 사용할 수
있다.

왼쪽부터 레몬 핸
드 크 림 (100ml/
7480엔), 아몬드
핸드 페이스트
(50ml/7810엔)은
손 보습에 좋다.

💬 '산타 마리아 노벨라'의 상품은 고급스러운 향기이므로 사용하기 편하다. 특히 핸드크림을 강력 추천! (사이타마현 · 미소노)

18세기 후반에 파리에서 탄생한 향수 & 스킨케어 브랜드

made in *France*

프랑스의
브랜드

연파 스킨케어 & 화장품.
재로 만들어진 아이템은
일의 케어가 즐거움으로♪

90% 나 홀로 성도

캘리그래피 라벨을
작성

편한 느낌이 놀어 기분↗

상품에 이니셜
각인 서비스

1. 오른쪽은 19세기의 프랑스, 왼쪽은 도쿄를 이미지하였으며, 뷸리 제품에 사용하고 있는 식물도 장식되었다.
2. 제품 구입 후, 그 자리에서 이름과 메시지를 써준다.
3. 케이스에 각인을 넣은 립밤 5390엔
4. 얼굴과 몸에도 사용할 수 있는 식물 오일 각 3300엔~
5. 유리 조향기(調香器)로 수성 향수의 향기를 시험해 볼 수 있다.

오두다 멋지다~♪

OFFICINE UNIVERSELLE BULY 代官山本店

미(美)가 가득 찬 인테리어에 주목작상

오피시느 유니버셀 블리
다이칸야마 본점

1803년 창업한 종합 미용 전문점을 기원으로 하여, 현대에 복각된 파리에서 탄생한 자연파 브랜드. 다이칸야마 점은 일본 1호점으로 피부에 자극이 없는 자연 유래 원료 제품을 구할 수 있다.

Map P.122-C2 다이칸야마(代官山)

🏠 시부야구 에비스니시 1-25-9
☎ 03-6712-7694 🕚 11:00~20:00
연중무휴 🚇도큐토요코센 다이칸야마역 동쪽 출구에서 도보 3분

손에 넣고 싶은 아이템

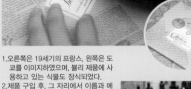

오렌지 블로섬과 장미부터 편백의 향기도 있는 수성 향수 (75ml) 각 2만 350엔

왼쪽부터 순서대로 케어하자

피부가 매끄러워지는 핸드 & 풋 크림(75g) 6270엔 (왼쪽), 5500엔

왼쪽 부터 클렌징 워터(190ml) 5390엔, 장미의 증기수가 베이스인 화장수(190ml) 5280엔, 페이스크럽(75g) 6820엔

페퍼민트와 유칼리, 시트러스 배합의 '마스크용 아로마셀' 1540엔

'OFFICINE UNIVERSELLE BULY'에서는 덴탈 케어 세트와 향기 나는 보디 케어 세트 등 소중한 사람에게 주고 싶은 선물도 충실.

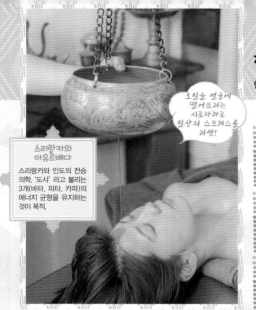

본고장 스타일 시술로 아름답게!

행복한 마사지를 받은 후에는 머리부터 발톱 끝까지 반짝반짝하게

오일을 얼굴에 떨어뜨리는 시로다라로 일상의 스트레스를 리셋!

스리랑카의 아유르베다

스리랑카와 인도의 전승 의학. '도샤'라고 불리는 3개(바타, 피타, 카파)의 에너지 균형을 유지하는 것이 목적.

1. 핑크를 베이스로 원포인트의 반짝 반짝 스톤이 빛난 다♡
2. 컬러풀한 라메에 하나하나 세부까지 공들인 디자인
3. 사랑스러운 점내에 기분이 상승!

menu
✦ 네일아트 무한리필 90분 9000엔
✦ 네일아트 파츠 무한리필 150분 1만 2000엔

화려한 손톱이 트렌드

BN NAIL 비엔 네일

90% 나홀로정도

스태프는 전원 한국인으로, 한국의 유행을 도입한 디자인으로 완성해 주는 살롱. 풋네일(6000엔~)과 스톤 & 파츠 무한리필 등 예산과 목적에 맞는 메뉴가 풍부.

Map P.120-A1 신오쿠보(新大久保)

🏠 신주쿠구 하쿠닌초 2-2-3 TRN신오쿠보빌딩 8F
☎ 03-6273-8737 🕚 11:00~21:00
🈺 비정기 휴무 🈯 예약 필요
🚃 JR 신오쿠보역에서 도보 1분

한국 네일
미용대국 한국에서는 큼직한 스톤과 아트를 2~3개 액센트로 한 장식 네일이 유행 중. 컬러링이나 디자인을 정돈함으로써 통일감이 생긴다.

menu
✦ 아비얀가(머리 & 몸) 70분 1만 7000엔
✦ 시로다라(샴푸 포함) 70분 2만 1000엔

1. 허브의 증기를 쐬어 모공이 열리고 서서히 전신이 따뜻해지는 스팀 목욕(4400엔)은 옵션
2. 간접조명이 편안한 시술룸에서 행복한 한때
3. 보디 마사지 '아비얀가'. 두피부터 발끝까지 스리랑카산 천연 허브오일이 전신에 스며들어 간다.

스리랑카식 본격 시술

Karunakarala
카루나카라라

100% 나홀로정도

아유르베다의 본고장 스리랑카에 자매점이 있으며, 현지와 같은 상품을 이용하는 살롱. 정성스러운 퍼스널 카운슬링으로 한 사람 한 사람에게 맞는 메뉴를 짜 준다.

Map P.122-C1 다이칸야마(代官山)

🏠 시부야구 사루가쿠초 26-2 sarugaku D동 B1F
☎ 03-6883-4572
🕚 10:00~21:00(최종 예약 19:00)
🈺 비정기 휴무 🈯 예약 필요
🚃 도큐토요코선 다이칸야마역 정면 출구에서 도보 3분

나비 오브제도 요즘 유행♡ 전체의 색은 펑크로 정돈하자!

📧 네일은 항상 'BN NAIL'이 첫 번째 선택 언제나 한국, 현지의 유행을 도입한 디자인으로 완성해 줍니다. (도쿄도・마코)

본격 아시안 미용 체크

홀로의 휴일에는 아시아식 미용법에 도전해 보자.

마사지 후의 타이완식 머릿동이 이것! 셔터 찬스를 놓치지 마라!

타이완식 샴푸

타이완의 미용실에서 행해지는 메뉴 중 하나. 앉은 채 샴푸하는 것이 최대 특징으로, 머리뿐 아니라 어깨와 목을 마사지해 주는 경우도.

와 과장하다!

지향도 최고~!

1. 오리엔탈한 분위기가 떠도는 접수 에리어
2. 목욕 & 마사지 오일(5060엔)과 페이스 & 보디워시(3960엔)는 그 자리에서 구입 가능
3. 시술 전에는 찻잎 등 계절마다 바뀌는 족욕으로 리프레시

본격 아시안 미용을 체크

menu
✦ 밸런싱 리듬
90분 1만 8000엔
✦ 스피큘 페이셜
트리트먼트 90분 2만 3000엔

마음과 몸의 조화를 도모하는

Lapidem tokyo spa
라피뎀 도쿄 스파

100% 나 홀로 적도

수상이력도 있는 실력파!

HAUTE GRANDEUR

2021 WINNER SPA

음양오행설과 활법, 습포요법 등 옛날부터 전해지는 기법을 도입한 홀리스틱 스파. 프라이빗한 공간에서 아로마 블렌드를 이용하는 시술을 받을 수 있다.

Map P.119-B3 아카사카(赤坂)

🏠미나토구 아카사카 6-16-4 AKASAKA GD BLD. 3F
☎03-6426-5231
🕐12:00~20:00 (최종 예약 18:00), 토·일·공휴 11:00~19:00 (최종 예약 17:00)
🗓연중무휴 📧예약 필요
🚇지하철 아카사카역 7번 출구에서 도보 6분

일본의 활법
전국시대에 부상병을 치유하기 위해 탄생한다고 하는 고무술(古武術)로, 정체(整體)와 근육학의 기반이 되었다고 한다. 내장을 올바른 위치로 되돌리고 몸의 기(氣) 순환을 좋게 한다.

틀림없이 기분이 상쾌해진다!

1. 엔티크 가구로 레트로풍 점내.
2. 농후한 거품 트리트먼트로 두피를 풀어준다.

menu
타이완식 헤드 스파(어깨·등 마사지 포함) 30분 3300엔

양초주머니와 혈을 누르는 경락 마사지로 문제를 개선!

갓 핸드의 최상 테크닉을 만끽

ahsin hair room池袋店
앗신 헤어룸 이케부쿠로점

90% 나 홀로 적도

완전예약제로 단골도 많은 인기 살롱. 타이완식 샴푸에서는 절묘한 힘 조절로 머리와 얼굴의 경락을 마사지하는 '괄사'를 하는데, 끝낸 후에는 부기가 빠지고 목과 어깨가 가벼워진다고 평판이나 있다.

Map P.118-A2 이케부쿠로(池袋)

🏠토요시마구 이케부쿠로 2-33-12 히라키빌딩 1F ☎03-5391-8914
🕐10:30~20:00
🗓화 📧예약 필요
🚇JR 이케부쿠로역 서쪽 출구에서 도보 8분

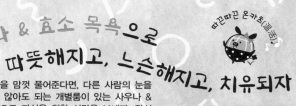

솔로 사우나 & 효소 목욕으로
따뜻해지고, 느슨해지고, 치유되자

마끈따끈 온카츠(温活)

Start!

로고가 그려진 포렴을 열고 개별룸으로

피로한 몸을 맘껏 풀어준다면, 다른 사람의 눈을 신경 쓰지 않아도 되는 개별룸이 있는 사우나 & 효소 목욕으로 자신을 위한 시간을 보내자. 장시간 여유를 즐길 수 있는 인기 목욕시설도 소개!

1. 샤워로 땀을 씻는다. 미스트로 전환할 수도 있다.
2. 샴푸, 컨디셔너, 보디워시도 완비

자기 전용 휴게 체어에서 열을 식히는 것도 자유롭게

편란드상 사우나를 통째로 할 수 있다는 사치스러운 기분 ♪

싱글룸에서도 다리를 펴고 누울 수 있다. 자신의 페이스로 사우나 → 냉수욕 → 휴게를 반복하자

사우나 모자도 대여 ♪

SOLO SAUNA

이용 요금
싱글룸
60분 3800엔
80분 4800엔

로얄리도 가능

스토브 안의 사우나 스톤에 물을 뿌려 수증기를 발생시키는 뢰일리도. 자작나무의 아로마수이므로 실내에 릴랙스하는 좋은 향기도 퍼진다.

일본 최초의 완전 개별룸 솔로 사우나

ソロサウナ
tune 神楽坂店

100% 나 홀로 섬둑

솔로 사우나 tune 가구라자카점

나 홀로 손님용 '싱글룸'을 포함한 4개의 개별룸 사우나가 있다. 탈의부터 사우나, 휴게의 모든 것이 프라이빗 공간에서 완결된다. 이용은 웹 예약제로 14일 전부터 예약할 수 있다.

3. 공용인 여성 우선 파우더룸은 체크아웃 후에도 이용 OK
4. 샤워는 15도의 오버헤드 샤워와 온도 조절 가능한 샤워헤드의 2종류

Map P.119-A3 가구라자카(神楽坂)

🏠 신주쿠구 텐진초 23-1 UNPLAN Kagurazaka 1F
🕐 7:50~23:25
📅 예약 필요
📆 연중무휴
🚇 지하철 가구라자카역 2번 출구에서 도보 3분

'솔로 사우나 tune'에서 사우나 데뷔하였습니다. 자신의 페이스로 휴식할 수 있으므로 무리 없이 몸과 마음이 정비되었습니다! (치바현・미스즈)

Start!

접수 후, 화장을 지우고
알몸이나 종이 속옷으로 갈아
입는다.

자연발효의 열로
몸의 중심부터 서서히♪
서서히 땀을 흘리고
마음껏 릴랙스

이용 요금
입욕+
그루밍
75분 5720엔

ENZYME BATH

1.쌀겨를 파낸 욕조에 눕는다.
2.체감온도는 40~45도로 조금 뜨거운 목욕물 정도. 냉(冷) 대책과 피부미용 효과를 기대할 수 있다.

피부가 반들반들해지는 효소 미용

80%
나홀로섯드

米ぬか発酵風呂
haccola 神楽坂本店

쌀겨 발효 목욕 haccola 가구라자카 본점

대나무 가루를 섞은 쌀겨의 발효열로, 60~90도의 상태로 효소 목욕을 할 수 있는 시설. '해외에서 보이는 잘못된 일본'을 컨셉으로 한 개별룸이 3개 있으며, 타월도 대여해 주므로 빈손으로 가도 된다.

Map P.119-A3 가구라자카(神楽坂)

🏠 신주쿠구 가구라자카 6-8 샨하이츠 가구라자카 1F
☎ 03-5946-8380 🕙 10:00~23:00 (최종 접수 22:00)
📅 월 · 목 🚇 지하철 가구라자카역 1b 출구에서 도보 3분

목욕 후에는
파우더룸에서
그루밍

3.차가운 물과 따뜻한 차는 무료. 목욕 후에 딱 좋은 효소 드링크와 발효차도 구입할 수 있다.
4.발효 & 쌀겨 화장품으로 스킨케어와 헤어케어도 할 수 있다.

인기 스파에서 릴랙스

70%
나홀로섯드

하루 종일 틀어박혀 아름답게

泉天空の湯
有明ガーデン

이즈미텐쿠노유 아리아케 가든

8종류의 탕과 사우나, 암반욕, 에스테 & 보디케어, 레스토랑을 망라한, 호텔에 병설된 복합시설. 릴랙스 라운지와 카페, 여성 전용 라운지 등 휴게 스페이스도 충실.

Map P.119-C4 아리아케(有明)

🏠 코토구 아리아케 2-1-7 ☎ 03-6426-0802
🕙 24시간 영업 (입실 접수 5:00~다음 날 1:00)
📅 월 1회 정도 휴일 🚇 유리카모메 아리아케역 2B 출구에서 도보 4분

이용 요금*
●평일 2200엔
●토 · 일 · 공휴일
2800엔

거품목욕탕

아리아케 키친

실내탕도 규모감.

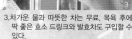

여성 전용 '머메이드 라빙'

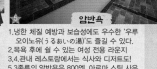

암반욕

1.냉한 체질 예방과 보습성에도 우수한 '우루오이노유(うるおいの湯)'도 즐길 수 있다.
2.목욕 후에 쉴 수 있는 여성 전용 라운지
3.4.관내 레스토랑에서는 식사와 디저트도!
5.3종류의 암반욕은 800엔. 아로마 스팀 사우나 포함
※별도 심야 요금이 발생하는 경우도 있음

aruco 조사팀이 간다!!②

충실한 목욕탕에 목욕 후의 즐거움까지!
레트로 & 현대적 공중목욕탕 철저 해부

70% 나 홀로드정도

도쿄에는 건물과 툇마루가 매력적인 노포 공중목욕탕은 물론, 리뉴얼한 최신 공중목욕탕이 늘고 있어 나 홀로도 들어가기 쉽다. 유행하는 사우나와 탕 종류도 체크.

기본 목욕 요금
· 어른 480엔
· 6세 이상 12세 미만 180엔
· 6세 미만 80엔

기본 요금은 도쿄 전체에서 정해져 있다. 사우나 이용은 추가 요금이 드는 곳이 많다.

공중목욕탕 순례
방문한 공중목욕탕에서 QR코드를 스캔하면 스탬프가 쌓이는 앱은 즉시 다운로드하자

사우나에서 정비?
사우나→냉탕→휴식을 여러 세트 반복하여 심신이 정비된 상태를 말한다.

반짝반짝 닦았습니다!

다이쇼 시대(大正時代, 1912~1926년)에 찬란한 역사가 있는 공중목욕탕

滝野川稲荷湯
타키노가와 이나리유

국가 등록 유형문화재로, 영화 "테르마이 로마이"의 촬영지도 되었던 공중목욕탕. 옛날식 카운터가 남아 있고, 지붕이 얹힌 멋진 현관과 화가가 그린 페인트 그림 등은 모두 볼 만하다.

Map P.117-A3 이타바시

🏠 키타구 타키노가와 6-27-14
☎ 03-3916-0523
🕐 15:00~24:30
📅 수, 비정기 휴무
🚃 JR 이타바시역 동쪽 출구, 지하철 니시스가모(西巣鴨)역 A3 출구에서 도보 7분

5대 점주 부부

목욕 후 시간 보내는 법
벤치에 앉아 음료를 마시거나 마사지체어에 흔들리면서 바람을 쐬자 동전 빨래방도 인정

탕: 3종류
사우나: 없음
46도의 열탕, 중온탕, 미지근탕. 매년 새해에 나무통을 교체한다

1. 밝고 널직한 탈의실. 남성이 카운터에 서 있을 때는 눈을 가린다.
2. 아담하지만 잘 손질된 툇마루. 연못에는 잉어가 헤엄치고 있다.

일본정원을 바라보면서 목욕을 만끽

タカラ湯
타카라유

드라마 촬영에서도 자주 사용되며, 아름다운 툇마루와 다양한 탕을 즐길 수 있다. 욕실에는 후지산과 비행기라는 보기 드문 페인트화와 지옥 그림이 장식되어 있으며, 여탕에는 본격적인 사우나도.

Map P.117-A4 기타센주(北千住)

🏠 아다치구 센주모토마치 27-1 ☎ 03-3881-2660
🕐 15:00~23:00
📅 금
🚃 JR 기타센주역 2번 출구에서 도보 20분

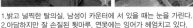

레트로

목욕 후 시간 보내는 법
맥주를 한 손에 들고, 별명 '킹 오브 툇마루'라고 불리는 유명한 정원에서 사계절의 경치를 보는 것은 각별한 한때다.

탕: 5종류
사우나: 있음 (핀란드식)
제트식 좌탕(座湯)과 전기탕, 약탕, 게르마늄탕 등 종류 풍부

1. 히터로 사우나 스톤을 가열한 사우나에서는 셀프 뢰일리 가능
2. 매주 수요일은 남녀탕이 바뀌어, 여탕에서도 툇마루와 정원을 볼 수 있다.

82 ✉ '카이료유(改良湯)'는 츠키야마 모모(月山もも) 씨(→P.18)가 저서에서 소개해 혼자 갔습니다! 욕탕은 매우 멋집니다. (오사카부·마나)

2020년에 리뉴얼 오픈
東京浴場
도쿄 요쿠조

現代式

목욕 후
시간 보내는 법
약 7000권의 만화가 있는 로비는 몇 시간이라도 있을 수 있다. 수제 맥주와 안주도 준비되어 있다

레트로 & 현대식 공중목욕탕

아침 5시부터 영업하고, 약 6m의 천정까지 빼곡한 만화와 사우나 등 공중목욕탕 초심자라도 들어가기 쉽다. 사우나 모자(100엔)와 타월세트(200엔) 렌탈도 가능.

Map P.117-B3 니시코야마(西小山)

🏠 시나가와구 코야마 6-7-2
☎ 03-6421-5739
🕐 5:00~12:00, 14:00~다음 날 2:00
📅 화(공휴일인 경우는 다음 날)
🚉 도큐메구로선 니시코야마역에서 도보 2분

탕: 3종류
사우나: 있음(개별룸)
욕조는 열탕과 미지근탕의 2종류. 브랜디 술통을 가공한 물이 흐르는 나무통 냉탕도

1. 만화는 옛날 것과 최신 것까지 있으며, 계단을 오르면 은둔처 같은 공간이
2. 사우나는 사전 예약하는 게 좋다

도회답의 스타일리시 공중목욕탕
改良湯
카이료유

現代式

1916년 창업한 역사 있는 공중목욕탕. 현재는 간접조명이 있는 세련된 욕탕과 현대 작가에 의한 화려한 페인트화 등 분위기 좋은 예술적 공간으로, 널찍한 원적외선 사우나도 갖추었다.

Map P.122-B2 시부야(渋谷)

🏠 시부야구 히가시 2-19-9
☎ 03-3400-5782 🕐 13:00~24:00, 일·공휴 12:00~23:00(최종 입장은 폐점 30분 전) 📅토
🚉 JR 시부야역 남쪽 출구에서 도보 9분

탕: 3종류
사우나: 있음
제트식 좌탕(座湯)과 전기탕, 약탕, 게르마늄탕 등 종류 풍부

1. 커다란 고래 벽화가 눈을 끄는 외관. 에비스에서 행해진 '고래 축제'와 콜라보 작품
2. 흰색을 기조로 하는 청결하고 심플한 로비

목욕 후
시간 보내는 법
프런트 옆에 있는 휴게 공간에는 벤치가 놓여 있고 음료 코너도 있다. 탈의실도 여유 있게 만들어져 있다

위/입욕제도 판매
아래/사우나 고객용 밴드

새롭게 숙박시설도 오픈
黃金湯
코가네유

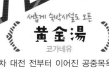

2차 대전 전부터 이어진 공중목욕탕. 2020년에 리뉴얼하여 DJ부스와 맥주바 등 새로운 설비도. 욕실 내의 배경 그림은 만화가 호시 요리코(ほしよりこ) 씨에 의한 것. 2022년 3월에 '코가네유 오야도(お宿)'가 탄생.

Map P.119-A4 킨시초(錦糸町)

🏠 스미다구 타이헤이 4-14-6 가나자와맨션 1F
☎ 03-3622-0009
🕐 6:00~9:00, 11:00~24:30, (토 6:00~9:00, 15:00~)
🛏 숙박 공간: 데이유즈 3800엔~, 1박 5800엔~
📅 두 번째, 네 번째 월요일
🚉 JR 킨시초역 북쪽 출구에서 도보 6분

現代式

탕: 5종류
사우나: 있음(핀란드식)
열탕 포함 3종류의 온도를 준비. 뢰일리 사우나는 300엔(토·일 350엔)

목욕 후
시간 보내는 법
맥주바에서 오리지널 코가네유 맥주(600엔)를 주문하자 그대로 숙박하는 것도 추천

'코가네유 오야도'에 숙박 중에는 목욕탕과 사우나가 무료로 타월세트도 제공. 목욕탕에는 실내복을 입은 채 직접 갈 수 있다.

저가격부터 고급까지 충실한 베리에이션

구입 후에 진료 기록을 기입
좋아하는 메이크업 계 아이템 계통과 지금 사용하고 있는 스킨케어 브랜드 이름 등을 답한다.

패션 타입 진단을 한다.
약 50항목의 질문에 답하여 스타일리스트에게 송신. 가능한 한 시간을 들이고 천천히 생각하자

코디네이션이 즐겁네~♪

신선 & 새로운 취향의 옷을 만날 수 있어요♪

미용의 프로가 고른 키트가 도착
피부의 상태에 맞는 화장품, 스킨케어와 편지, 얼굴사진 진단이 도착. 3~6주 후에 도착하는 애프터 진료 기록에 사용한 감상을 기입하면 더 기호에 맞는 상품이 도착하게 된다.

나다운 스타일 찾기

스타일리스트가 고른 코디네이션이 도착
보내진 옷은 스타일리스트의 조언을 참고로 가지고 있는 옷과 코디네이션

COSMETRO　코스메트로
2개월에 한 번, 여성지에서 활약하는 미용 라이터가 선택하는 화장품 & 스킨케어가 도착하는 구독 서비스. 시험 삼아 1회부터 부담 없이 이용할 수 있는 코스(7880엔)도 있다.

(URL)cosmetro.jp

COSMETRO정기편
3회 계속 코스: 첫 회 4187엔, 2회째 이후 7880엔

프로가 선택하는 스타일링 & 화장으로 최강 코디네이션

100% 나 홀로 성도

지금 시대는 자신에게 맞는 스타일과 메이크업을 고르는 것이 트렌드. 구독과 백화점 서비스를 이용해 보자

airCloset
에어클로젯
프로 스타일리스트가 체격과 취향을 바탕으로 고른 3벌을 보내주는 패션 구독 서비스. 좋아하는 브랜드를 고를 수 있는 옵션도.

(URL)www.air-closet.com

레귤러 플랜
1만 780엔(첫 달 할인 있음)
도착 옷 수량: 3벌
사이즈: XS~L

감상과 리퀘스트를 바탕으로 다음 달에도 도착
희망을 전하면 스타일리스트가 더욱 자신에게 맞는 아이템을 셀렉트해준다.

쇼핑에 도움 되는 정보!

이미지 컨설턴트와 컬러 애널리스트, 골격 스타일 어드바이저® 등이 담당

백화점의 충실한 서비스!

최고의 발견도 있어!

TPO에 맞는 코디네이션을 제안한다.

日本橋三越本店
니혼바시 미츠코시 본점
본관 3층의 퍼스널 쇼핑 데스크에서는 전문 자격을 가진 스타일리스트에 의한 '여성 퍼스널 컨설팅 서비스'를 한다(예약 필요).

Map P.120-A2　니혼바시《日本橋》

추오구 니혼바시무로마치 1-4-1
☎03-3241-3311(대표)
🕙10:00~19:00(플로어에 따라 다름)
🈺비정기 휴무
🚇지하철 미츠코시마에 A2·3 출구에서 도보 1분

베스트 컬러 진단/골격 스타일 분석®
요금 각 5500엔(예약 필요) 소요시간 약 45분

골격 스타일 분석®(약 45분)
골격 스타일 어드바이저가 골격에 따른 스타일의 차이를 분석하여 3가지 타입으로부터 한 사람에게 어울리는 소재와 디자인을 어드바이스해 준다.

베스트 컬러 진단(약 45분)
뷰티컬러리스트 프로가 4개의 시즌 컬러와 가장 어울리는 베스트 컬러를 진단한다.

+α 쇼핑 동반 코스도!
점내의 매장을 동반하는 코스와 각 매장의 쇼품을 개별룸에서 시착할 수 있는 코스(8800엔~)도 있다.

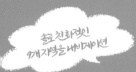
솔로 친화적인
9개 지역을 내비게이션

자유롭게 발길 가는 대로!
감춰둔 아트 스팟
& 지역별 산책 플랜

혼자서 걷는 도쿄의 거리는 하고 싶은 일 리스트가 푸짐!
자신에 대한 선물로 사고 싶은 엄선 아이템과 하루 중 언제라도 들어갈 수 있는 정식집,
낮부터 살짝 음주할 수 있는 장소에 미술관 & 테마파크.
호텔 스테이와 섬 여행으로 파워 충전도 하자♡

아트에 빠져 감성을 닦자
서양 & 일본화의 추천 미술관

도쿄에는 일본을 대표하는 서양화와 건축, 일본화가 집결되어 있다.
그중에서도 aruco편집부가 주목하는 미술관의 머스트 체크포인트를 내비게이션

M UST CHECK!
리뉴얼 포인트

공원의 분수 광장 쪽에 출입구를 신설하고 "지옥의 문"으로 이어지는 직선과 도중에 왼쪽으로 꺾어진 본관을 향하는 길이 더욱 알기 쉬워진 등 르 코르뷔지에가 설계한 오픈 당시의 모습을 되돌리기 위하여 수리가 진전되었다.

거동 개방정인 삼장원으로!

2022년 4월 리뉴얼 오픈

90% 나홀로정도

세계유산에 등록된 본관도 주목
国立西洋美術館
국립서양미술관

인상파 회화와 로댕의 조각을 중심으로 한 '마츠카타(松方) 컬렉션'과 중세~20세기에 걸친 작품이 상설전에서 전시되고 있는 미술관. 1년에 3회 정도 하는 기획전도 놓칠 수 없다.

Map P.119-A3 우에노(上野)

- 🏠 다이토구 우에노공원 7-7 ☎050-5541-8600
- 🕐 상설전 9:30~17:30, 금·토 ~22:00(최종 입관은 폐관 30분 전)
- 💴 500엔(대학생 250엔, 고교생 이하 및 18세 미만 무료, 기획전은 별도 요금)
- 🗓 월(공휴일인 경우는 다음 평일)
- 🚃 JR 우에노역 공원 출구에서 도보 1분

M UST CHECK!
르 코르뷔지에의 건축

20세기를 대표하는 건축가. 철근콘크리트를 사용한 건축공법 '도미노 시스템'을 고안하고 '근대 건축의 5가지 요점'을 제창하여 '근대 건축의 거장'이라고 불리고 있다. 본관은 일본 유일의 르 코르뷔지에 작품.

19세기 홀

1. 본관 1층의 현관이기도 한 '필로티'는 르 코르뷔지에가 제창한 요점의 하나
2. 건물의 중심에 있는 오픈천장에서는 자연광이 쏟아져 내려온다.
3,4. 실업가 마츠카타 코지로(松方幸次郎)가 수집한 마츠카타 컬렉션과 19~20세기의 작품이 진열되어 있다.
5. 14~18세기의 회화가 장식되어 있다.

촬영: 우에노 노리히로(上野則宏)

오귀스트 로댕 | **지옥의 문**

마츠카타 컬렉션을 대표하는 작품 중 하나. 문의 중앙에는 '생각하는 사람'이 자리 잡고 있다.

클로드 모네
수련

마츠카타 컬렉션의 하나. 지베르니의 자택에 있는 정원의 연못을 그린 모네 만년의 작품

신관 전시실

본관 2층 전시실

사진 제공: 국립서양미술관

정면 현관

30% 홀로 섬도

국가 중요문화재로도 지정된
東京都庭園美術館
도쿄도 정원 미술관

파리에 거주하며 아르 데코에 매혹된 일본의 왕족 아사카노미야(朝香宮) 부부의 저택으로 건설. 주요 방의 설계는 앙리 라팽. 정면 현관 유리부조문의 디자인은 르네 랄리크 등 프랑스인 유명 예술가가 담당.

Map P.118-C2   시로카네다이(白金台)

🏠 미나토구 시로카네다이 5-21-9
☎ 050-5541-8600 (전화 안내 대행 서비스)
🕐 10:00~18:00 (최종 입관 17:30)
💴 정원 200엔 (입관료는 전람회에 따라 다름)
📅 월(공휴일인 경우는 다음 날)
🚇 지하철 시로카네다이역 1번 출구에서 도보 6분

아름다운 디테일

1. 붉은 카펫과 중후한 난간이 인상적인 본관의 제1계단
2. 각 방마다 다른 디자인의 램프도 볼거리의 하나, 와카미야(若宮) 거실의 조명에는 스테인드글라스가 장식되어 있다.
3. 컬러풀한 본관 제2계단 층계참의 조명

섬세한 무늬이 아름답다!

부속실

4. 천연 대리석이 사용된 모자이크 바닥. 문은 랄리크가 디자인한 것
5. 마치 성 같은 외관은 야경도 아름답다.
6. 석가산과 연못을 갖춘 풍요로운 숲의 일본식 정원도. 다실에서는 워크숍도 개최된다.
7. 백자로 된 향수탑은 앙리 라팽이 설계한 것
8. 라팽이 설계한 대객실은 천장에도 회반죽과 석고로 무늬가 그려져 있다.
9. 원형 출창에서는 정원을 볼 수 있다.

본관 정면 외관

일본정원

MUST CHECK!

'아르 데코'란?

20세기 초반, 프랑스를 중심으로 유럽과 미국에서 유행한 예술 양식. 직선적이고 심플한 디자인과 기하학적 모양의 모티프가 많이 사용된다. 장식도 스타일도 디자이너에 따라 다양.

사진 제공: 도쿄도 정원미술관

본관 대객실 & 대식당

'도쿄도 정원미술관'에는 레스토랑과 카페도 있어 여유 있는 공간에서 식사할 수 있다. 건물 내부는 전람회 개최 시에만 견학 가능.

APL·FOOL

다이쇼(大正, 1912~1926년) 말기~쇼와(昭和, 1926~1989년) 초기에 간행된 부인 잡지 '부인클럽'의 표지 그림. 체리 문양의 기모노를 입은 카페 종업원이 그려졌다.

스이치쿠쿄(水竹居)

S자 곡선의 몸에 데포르메된 커다란 손, 조금 무너진 기모노 옷맵시 등 '유메지 스타일'이 집약된 만년의 걸작

가족 주사위놀이

소녀의 생활과, 히나마츠리 등 계절의 행사로 구성된 주사위놀이는 소녀 대상 잡지 '신소녀'의 부록이 된 작품

90% 나홀로 선도

다이쇼 로망을 대표하는 화가를 전시

竹久夢二 美術館

타케히사 유메지 미술관

도쿄에서 타케히사 유메지의 작품을 감상할 수 있는 유일한 미술관으로, 연 4회의 기획전을 연다. 미술관이 있는 지역은 과거에 유메지가 체재한 '키쿠후지(菊富士)호텔'이 있는데, 많은 사랑을 한 유메지가 가장 사랑한 여성과 밀회를 거듭하던 장소다.

Map P.119-A3 네즈(根津)

🏠 분쿄구 야요이 2-4-2
☎ 03-5689-0462
🕙 10:00~17:00 (최종 입관 16:30)
💴 1000엔(대학·고교생 900엔, 중·초등학생 500엔, 병설된 야요이 미술관 입관료 포함)
📅 월, 전시 교체 기간
🚇 지하철 네즈역 1번 출구에서 도보 7분

M UST CHECK

타케히사 유메지 히스토리

다이쇼 시대에 활약한 화가·시인, 일러스트와 삽화를 많이 발표하고, 센티멘탈한 화풍이 특징적인 '유메지 스타일 미인화'를 확립한다. 1914년에 '미나토야 그림책 서점(港屋絵草紙店)'을 오픈하여 디자인 분야에도 힘을 쏟았다.

1. 유메지가 그린 일러스트와 목판 미인화가 소장되어 있다.
2. 상시 유메지 작품을 200~250점 전시

뮤지엄숍도 충실

치요가미(千代紙)'만초(蔓草)'와 악보 '소녀의 소원'을 프린트한 패스케이스 각 1500엔

담당하던 긴자 센비키아(千疋屋)의 카탈로그 표지 등을 프린트한 북커버 각 1300엔

✉ '타케히사 유메지 미술관'의 뮤지엄 숍은 굿즈가 귀여워 사고 싶은 것이 많습니다. (도쿄도-유메)

귀중한 일본화가의 작품을 감상

山種美術館
야마타네 미술관

근대 · 현대의 일본화를 중심으로 고화(古畫), 우키요에(浮世繪), 유채화까지 약 1800점이 있다. 일본화를 감상하기 위한 최고 환경의 전시실에서는 연 5~6회의 전람회에서 소장품을 소개.

Map P.122-B2 에비스(恵比寿)

🏠 시부야구 히로오 3-12-36
☎ 050-5541-8600
🕙 10:00~17:00 (최종 입관 16:30)
💴 1300엔(대학 · 고교생 1000엔, 중학생 이하 무료)
📅 월(공휴일인 경우는 다음 날), 전시 교체 기간
🚃 JR 에비스역 서쪽 출구에서 도보 15분

(c)Koike Norio 2009

■ **숍 & 카페도**

클리어파일과 엽서 등 전람회의 오리지널 상품도 다수

전람회 출품작을 모티프로 한 화과자가 유명한 'Cafe 츠바키(椿)'

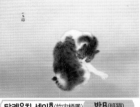

MUST **CHECK**

일본 최초의 일본화 전문 미술관

'그림은 인격이다' 라는 신념을 가진 야마자키 타네지(山崎種二)가 당시 활약 중인 요코야마 타이칸(橫山大觀)과 카와이 쿄쿠도(川合玉堂) 등 장래성 있다고 느낀 화가의 작품을 수집한 컬렉션을 바탕으로 1966년에 창설. 그 후 에도 하야미 교슈(速水御舟) 작품 등 컬렉션의 충실화를 도모.

하야미 교슈 **메이주 치리츠바키(名樹散椿)**

중요문화재. 교토시 키타구에 있는 콘요잔 지조인(昆陽山地蔵院)의 고목을 그린 작품(1929년 야마타네 미술관 소장)

타케우치 세이호(竹内栖鳳) **반묘(班猫)**

중요문화재. 세이호가 누마즈(沼津) 거주 중에 우연히 발견한 야채가게에서 기르는 고양이가 모델(1924년 야마타네 미술관 소장)

동물화의 최고 걸작에 주목

세계 유수의 우키요에 컬렉션

太田記念美術館
오타 기념 미술관

90% 나흘로 정도

5대 관장 오타 세이조(太田清蔵)가 수집한 약 1만 2000점을 포함한 약 1만 5000점을 소장. 키타가와 우타마로(喜田川歌麿)와 카츠시카 호쿠사이(葛飾北斎), 우타가와 히로시게(歌川広重) 등 유명한 우키요에 화가의 대표작을 소장. 전시는 매월 교체된다.

Map P.122-A2 하라주쿠(原宿)

🏠 시부야구 진구마에 1-10-10
☎ 050-5541-8600
🕙 10:30~17:30(최종 입관 17:00)
💴 전시에 따라 다름
📅 월(공휴일인 경우는 다음 날), 전시 교체 기간
🚃 JR 하라주쿠역 오모테산도 출구에서 도보 5분

카츠시카 호쿠사이 **후가쿠 36경(富嶽三十六景) 가나가와 해변의 높은 파도 아래(神奈川沖浪裏)**

"쿠 36경" 시리즈 46개 그림 중 한 점. 높게 다가오는 다이 파도가 무너져 내리려고 하는 순간을 그렸다. 호쿠사이 표작이자 세계에서 가장 유명한 일본화의 하나

카츠시카 오우이(葛飾応為)
요시와라코시사키노즈(吉原格子先之図)

빛과 그림자, 명과 암을 강조한 작품. 요시와라의 유곽에서 유녀遊女)가 격자의 안쪽에서 자신의 모습을 보여주면서 손님을 기다리는 모습을 그린 작품

MUST **CHECK**

매력적인 기획전에도 주목!

과거에는 '에도(江戸)의 사랑' 과 '일본 복장의 남자→에도의 성적 매력' 등 우키요에에 익숙하지 않은 사람도 흥미를 느낄 개성 넘치는 전람회를 개최. 2023년에는 '히로시게 아저씨 화보' 라는 기획도 예정되어 있다.

'야마타네 미술관' 의 온라인 발신 컨텐츠 '집에서 일본미술' 에서는 일본화를 즐길 수 있는 정보를 발신. 강연회 아카이브 시청도 가능.

선물도 잊지 말자!

사람이거운 스도 다수!

새로운 세계로 가는 문을 열다
지식욕을 채워주는 개성파 박물관

미지의 세계를 탐험할 수 있는 전문 박물관으로 초대. 차분히 설명을 읽으면서 돌아보면 배움과 발견이 많고, 새로운 취미와 최애와의 만남이 있을지도!?

Ⓜ️ UST CHECK!
담배 미디어 월

담배 상설 전시실에 있는데, 메이지(明治, 1868~1912년)부터 현대까지 담배 관련 산업의 역사를 소개 포장과 광고 포스터 등을 시대와 문화의 변천과 함께하는 해설이 압권

1. 에도(江戸)시대의 '담배 가게'와 '담뱃대 가게'를 재현
2. 과학의 관점에서 소금에 대해 배울 수 있는 사이언스 코너
3. 호염(湖塩), 암염(巖鹽) 등 전 세계의 소금 자원을 한눈에 알 수 있는 전시실. 폴란드의 비엘리치카 암염광 소금으로 제작된 '성 킨가상(像)'이 서 있다.

심오함을 배우자~!

뮤지엄 숍도 충실

박물관 오리지널 굿즈가 인기

끝부분의 그림에 주목

코케시 성냥 제작소와 콜라보한 '타바시오 성냥'(209엔). 인기 캐릭터인 '타바코("담배"라는 뜻, 여자 이름)'와 '토시오("와 소금"이라는 뜻, 남자 이름)'가 성냥 끝에 그려져 있으며, 1상자에 1개씩 '愛'라고 쓰여 있는 성냥이 들어있다.

일상에 있는 소금 & 담배를 재발견
たばこと塩の博物館
담배와 소금 박물관

90% 나 홀로 점도

2015년에 시부야에서 이전하고 리뉴얼한, 과거에 전매품이었던 담배와 소금을 테마로 하는 박물관. 담배의 기원~현대의 역사, 세계의 소금과 일본의 소금, 소금의 과학 등을 실물과 영상 전시로 소개하고 있다.

Map P.119-A4 오시아게(押上)

🏠 스미다구 요코가와 1-16-3 ☎ 03-3622-8801
🕙 10:00~17:00 (최종 입관 16:30)
💴 100엔, 초·중·고교생 50엔
🚫 월(공휴일인 경우는 다음 날). 임시 휴관일
🚇 지하철 오시아게역 B2 출구에서 도보 12분

약 30종류의 소금을 라인업. 왼쪽부터 볼리비아 '안데스의 암염', 인도네시아 발리섬의 '피라밋 솔트', 인도 '벵갈의 암염', 이스라엘 '사해(死海)의 호염', 볼리비아 '우유니의 호염' 각 237엔

📧 '담배와 소금 박물관'의 숍에는 옛날·레트로 포장 디자인을 사용한 마그넷 등도 팔고 있습니다. (도쿄도·린)

한 점 한 점
꼼꼼히 보자!

MUST CHECK!

국보와 중요문화재 다수

국보 '큰칼 이름 노부요시(太刀 銘 延吉)' 와 중요문화재 '큰칼 이름 노부후사사쿠(太刀 銘 信房作)' 를 비롯, 헤이안(平安)·가마쿠라(鎌倉)·남북조시대의 명도(名刀)를 중심으로 다양한 연대와 유파의 작품을 소장하고 있다.

1. 상설전과 1년에 수 차례 열리는 특별전을 감상할 수 있다.
2. 1층의 정보 코너에서는 칼에 관련된 해설도

기초지식도 공부할 수 있다.

미술품으로서의 일본도를 감상

刀剣博物館

90% 나 홀로 정도

도검 박물관

1968년에 개관한 일본도를 보존 · 공개하는 박물관. 상시 약 40자루의 도검을 다양한 테마에 따라 전시하고 있으며 도장(刀装)과 갑주(甲冑), 금공(金工)자료, 고전서(古伝書) 등도 다수 소장.

Map P.119-A4 료고쿠(両国)

- 스미다구 요코아미 1-12-9 ☎03-6284-1000
- 9:30~17:00 (최종 입관 16:30)
- 요 1000엔, 학생 500엔, 중학생 이하 무료
- 휴 월(공휴일인 경우는 다음 날), 전시 교체 기간
- 교 JR 료고쿠역 서쪽 출구에서 도보 7분

숍& 카페도

숍에서는 일본도의 모양을 한 과자칼과 문방구 등을 판매.
휴식 공간에서는 부지 내의 구(舊) 야스다 정원(安田庭園)을 볼 수 있다.

개성파 박물관

스페인 노포 로에베의 얼룩말가죽 보스턴백(왼쪽)과 란셀의 살바도르 달리와의 콜라보 백

팬이라면 못 견디게 좋다.

피겨 스케이팅의 하뉴 유즈루(羽生結弦) 선수가 실제로 2011~2012년에 사용하던 가방도 기증

MUST CHECK!

전 세계의 희귀한 가방

배, 철도, 자동차 등 이동수단과 함께 발전해 온 가방. 세계에 몇 점밖에 없는 악어가죽 트렁크와 전통 부족의 가방까지 귀중한 것도 다수 전시하고 있다.

가방을 통해 역사와 생활의 관련성을 배우는

世界のカバン博物館

80% 나 홀로 정도

세계 가방 박물관

가방 종합 메이커 에이스주식회사가 운영하는 가방 전문 박물관. 세계 5대륙에서 모은 약 550점의 가방을 각국의 시대 배경과 함께 무료로 감상할 수 있다.

Map P.121-C2 아사쿠사(浅草)

- 다이토구 코마가타 1-8-10 ☎03-3847-5680
- 10:00~16:30 (요)무료
- 휴 월 · 공휴 (토요일이 공휴일인 경우는 개관)
- 교 지하철 아사쿠사역 A1 출구 부근

1. 유럽지역의 역사가 느껴지는 트렁크
2. 관내는 대륙마다 전시가 나뉘어 있으며 저명인의 가방도 많이 있다.

휴게 라운지도

에이스주식회사의 창업자 신카와 류사쿠(新川柳作)의 생애를 전시하는 기념관에는 뷰 라운지를 병설. 도쿄 스카이트리가 보인다.

검 박물관' 부지는 지천회유식(池泉回遊式, 중앙에 있는 연못 주위를 돌며 관상) 정원이 아름다운 구 야스다정원의 일각에 있어 정원 산책도 추천.

MINIATURE WORLD

하나하나 정교하게 만들어져 감동! 시간을 잊고 맘껏 사진 찍자♪

유럽을 생각나게 하는 마을 풍경에 철도가 달리고 있다. 우측 안쪽에 보이는 것은 존재감 있는 왕도(王都)의 사당이다.

미니어처 세계에 빠져 대모험!?
나 홀로 즐길 수 있는 테마파크

해외여행 기분에 빠지거나 좋아하는 만화의 세계를 여행한다....
세부까지 정교하게 만들어진 미니어처 월드를
맘껏 즐길 수 있는 것도 나 홀로의 특권!

스몰월드 TOKYO에서 놀자

80분의 1 크기의 테마파크

スモールワールズ TOKYO 스몰월드 TOKYO

80%
나 홀로 적도

관내의 미니어처 세계는 하루가 15분 사이클로 변화하여 낮과 밤 다른 경치를 촬영할 수 있다. 눈앞에서 초호기들이 발진하는 '에반게리온 격납고' 와 시간에 따라 로켓 발사 모습을 볼 수 있는 '우주센터' 도 박력 만점.

Map P.119-C4 아리아케(有明)

🏠코토구 아리아케 1-3-33 아라아케 물류센터
🕐11:00~20:00 (최종 입관 19:00)
💰2700엔, 중·고교생 1900엔, 유아·초등학생 1500엔
📅연중무휴
🚃유리카모메 아리아케 테니스의 숲역 1A 출구에서 도보 3분

사진 제공: 스몰월드 TOKYO

좋아하는 포즈로 찍자!

주민권이 부여된 피규어 프로그램
3D 스캐너로 만든 자신을 1년간 원하는 장소에 설치(4800엔~)

피로해지면 휴식도 할 수 있다.

셀프 백야드 투어
수수께끼를 풀어 백야드에 들어가는 패스워드를 얻어낸다. 겉에서는 볼 수 없는 경치를 감상(1000엔!)

레스토랑도 있다!
런치와 디저트, 스낵 메뉴와 음료를 제공

'간사이 국제공항' 은 실제로 공항에 있는 것 같은 기분이 들었습니다. (오사카부·미도리)

세계의 마을

> 컬러풍한 건물을 발견!

1900년대, 산업혁명시대의 아시아와 유럽을 무대로 한 5개의 국가. 잘 보면 용 등의 생명체가 존재하여 현실과 공상이 섞여 있다.

설산에 둘러싸인 스노 마인피크 시가지, 사람들의 복장도 겨울용으로 되어 있다.

아시아의 에너지 넘치는 분위기를 느끼는 2개의 타워와 움직이는 관람차

전석문(甎石門) 시가지는 낮과 밤에 분위기가 확 바뀐다. 밤의 네온사인과 고층 빌딩군을 촬영하자

횡단보도와 정차 표시가 그려진 도로도 정밀하게 재현. 옥상과 간판 위에도 사람과 생명체의 모습이 보인다.

광장의 레트로 회전목마에서 노는 사람들과 오래된 교회 같은 건물. 자연이 공존하고 있다.

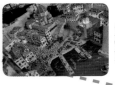

흰 벽이 인상적인 월생추어리 리조트는 밤도 아름답다. 용을 공양하는 중앙의 대성당도 주목

aruco 선정!
추천 3 구역

미소녀전사 세일러문

극장판 '미소녀전사 세일러문 Eternal'에 등장하는 데드문 서커스 텐트에서 우사기 일행 발견!

국민적 소녀만화 "미소녀전사 세일러문"의 무대는 아자부주반. 낮에는 주인공 츠키노 우사기(月野うさぎ) 일행이 생활하고 있는 모습을 엿볼 수 있다.

히카와신사(火川神社)에 있는 것은 물론 히노 레이(火野レイ)! 다른 등장인물도 찾아보자

밤이 되면 마을 저편에 30세기 미래의 수도 '크리스털 도쿄'가 나타난다.

> 집안도 세밀하게 재현

우사기의 집은 15분에 1회 지붕이 열린다. 셔터 찬스를 놓치지 마라!

커다란 엔진소리가 울리면 비행기가 이착륙하는 신호. 유도등에 따라 비행기가 착륙하고 활주로를 이동

> 공항에 있는 기분을 느낄 수 있다!

간사이 국제공항

간사이 국제공항을 모델로 한 공항에서 코베(神戸)의 사진 찍기 좋은 야경을 배경으로 비행기의 이착륙 풍경과 공항 내부를 가까이서 보자.

아름다운 저녁놀에 물든 비행장에는 출발을 기다리는 비행기가 줄 서 있다. 일하는 직원에게도 주목

제1터미널에서 탑승 수속을 하는 사람들의 모습. 안쪽에는 전광게시판도 보인다.

한 사람 한 사람의 이야기를 생각해 보고 싶다. 모든 층, 세부까지 정밀히 만들어져 있다.

"물건 만들기의 마을" 구라마에의
개성이 반짝반짝 빛나는 인기 상점으로 GO

작은 숍이 많이 모여있는 구라마에는
이제 도쿄 산책의 필수 코스. 엄선한 5개의 점포에서
차분히 좋아하는 것을 고르는 즐거움을 맛보자♪

자신에게 편지를
쓸 수 있다!?

TOTAL
6시간

구라마에 산책

TIME TABLE

12:00 Marked
↓ 도보 10분
13:00 유와에르 본점
↓ 도보 3분
14:00 Frobergue
↓ 도보 3분
15:00 지유초
↓ 도보 7분
16:30 en cafe

1 구라마에의 커뮤니티 마켓
Marked 마크토 **12:00** **80**%
나홀로 선도

'파라 에코타(パーラー江古田)' 가 감수한 베이커리. 엄선한 식료품이 갖춰진 숍. 카페 등 다채로운 역할을 가진 스토어. 유기농 견과류와 향신료 계량 판매도 한다.

Map P.119-A4

🏠 스미다구 혼조 1-1-10 ☎050-5211-5112
🕐 9:00~18:00 🗓 월(공휴일인 경우는 다음 날)
🚇 지하철 구라마에역 A7 출구에서 도보 6분

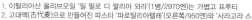

지역적이고
활기찬
상료품

1. 이탈리아산 올리브오일 '일 필로 디 팔리아 와라'(1병/2970엔)는 가볍고 프루티
2. 고대맥(古代麦)으로 만들어진 파스타 '파로탈리아텔레'(오른쪽/950엔)와 '사라고라 스파게티 1.8mm'(1020엔)
3. 니가타(新潟)산 '시오노하나(塩の花)' 810엔

2 균형 잡힌 헬시 런치
結わえる 本店 **13:00** **70**%
나홀로 선도
유와에르 본점

'균형 잡힌 현미 생활' 을 컨셉으로 압력솥으로 지은 후 며칠간 숙성시킨 채운 현미를 제안. 낮에는 오반자이(おばんざい), 교토식 가정요리)와 현미 정식, 밤에는 다양한 술과 단품요리를 제공한다.

맛있고
건강에도 주는
현미를 드세요!

1. 주반찬과 회, 작은 반찬은 매일 바뀌는 '유와에르 한상' 1580엔
2. 창가 쪽에 카운터석이 있어 낮에도 밤에도 혼자 들어가기 쉽다.
3. 숍 '요로즈야'를 병설. 일본 각지의 엄선 식재료와 자연파 와인을 판매하고 있다.

Map P.121-C1

🏠 다이토구 구라마에 2-14-14
☎03-5829-9929
🕐 11:30~15:00(L.O, 14:30), 17:30~22:00(L.O, 21:00)
🗓 첫 번째, 두 번째 일요일
🚇 지하철 구라마에역 A7 출구에서 도보 6분

 'Marked'에서는 아이스크림도 판매. 계절에 따라 바뀌며 드문 맛도 있으므로 단골이 되었습니다! (도쿄도 · 와카)

90%
나 홀로 정도
14:00

나 홀로 TIPS
타와라마치(田原町)역과 아사쿠사바시역 주변에도 멋진 카페가 많다. 카키모리(→P.34)에서는 수제 거리 걷기 지도를 무료로 얻을 수 있다.

3 약 5000권의 고서에 둘러싸이는 공간
Frobergue
프로베르그

유럽에서 사 온 그림책을 중심으로 요리와 수예 등 취미에 관계된 외국 서적이 진열되어 있다. 주로 프랑스와 독일의 작품이 많은데, 일본 국내 작가의 새 책과 ZINE 등도 있다.

Map P.121-C1
🏠다이토구 구라마에 4-14-11 우구이스빌딩 101 ☎03-5829-3793
🕐12:00~18:00 🈺월·수
🚇지하철 구라마에역 A0 출구에서 도보 2분

포장만 보고도 사고 싶어지는 최고 서점에도 많이 있습니다!

1. 녹색 장정이 아름다운 "The Countryside in Spring" 3600엔
2. "European Desserts for American Kitchens"(3300엔)는 개성적인 일러스트가 눈을 끈다
3, 4. 요리책 형식의 그림책 "A day in the Country"(왼쪽/2300엔)과 "Das Puppenhaus."(1800엔)

田原町駅
타와라마치역

浅草通り
아사쿠사도리

春日通り
카스가도리

都営大江戸線
蔵前駅
토에이 오에도선
구라마에역

都営浅草線
蔵前駅
토에이 아사쿠사선
구라마에역

세이카공원
精華公園

廐橋
우마야바시

隅田川
스미다가와

4 독서와 잠깐의 휴식, 생각하는 시간도
自由丁 지유초   15:00

1년 후의 자신에게 편지를 쓰는 'TOMOSHIBI LETTER'와 한 편의 이야기와 커피를 즐기는 'A CUP OF LETTER' 등의 메뉴가 있다. 자유롭게 있는 것도 가능(→P.71).

100%
나 홀로 정도

Map P.121-C1
🏠다이토구 구라마에 4-11-2
🕐수~금 13:00~18:00、토·일·공휴 11:00~ 🈺월·화
🚇지하철 구라마에역 A3 출구에서 도보 2분

생각을 하는 것도 취미에 몰두하는 것도 자유!

1. 나 홀로와 마주하는 시간을 만들 수 있다.
2. 좋아하는 색의 씰링 왁스로 봉한다.
3. 'TOMOSHIBI LETTER'(2640엔)는 5가지 테마가 준비되어 있어 좋아하는 내용을 고를 수 있다.

디저트로 파셰 추천

인테리어가 멋진 2층의 라운지

90%
나 홀로 정도

5   16:30

공예 마을의 본격 디저트
en cafe 엔 카페

1층은 커피 스탠드, 2층은 카페, 3층은 셀렉트숍이 들어있는 복합시설. 개방적인 옥상 스페이스에서도 먹을 수 있어서 스미다가와를 보면서 산책의 피로를 힐링하자.

Map P.121-C1
🏠다이토구 구라마에 2-6-2 ☎03-5823-4782
🕐9:00~11:00(모닝)、11:00~19:00(오후, L.O. 18:00)、금·토·일·공휴 9:00~11:00(모닝)、11:00~17:30(보통 메뉴, L.O. 17:30)、17:30~21:00(디너, L.O. 20:00)
🈺연중무휴
🚇지하철 구라마에역 A2 출구에서 도보 2분

1. 얼그레이와 바닐라 풍미의 밀크티 무스 '블랑 라테' 770엔
2. 두유 라떼 640엔

'지유초'에는 메시지를 곁들인 자신의 책과 서가의 책을 교환하는 '이어지는 서가' 시스템도 있으므로 꼭 이용해 보자

변두리 정서가 떠도는 야네센(谷根千) 지역에서 엄선된 잡화 & 맛집을 만끽

변두리 정서가 떠도는 야나카(谷中)·네즈(根津)·센다기(千駄木) 지역. 옛날 민가와 공중목욕탕을 개조한 레트로 점포가 많아 향수를 자아내는 분위기를 맛보면서 산책할 수 있다.

최고 풍경의 수세미입니다!

13:00

TOTAL 5시간

야네센 산책
TIME TABLE

- 13:00 카메노코 수세미 야나카점
  ↓ 도보 7분
- 13:45 아마네 다료
  ↓ 도보 3분
- 14:45 GOAT
  ↓ 도보 12분
- 15:30 SCAI THE BATHHOUSE
  ↓ 도보 1분
- 16:00 야나카 비어홀
  ↓ 도보 12분
- 17:30 야나카긴자 상점가

레트로 노포의 상품도 다수 진열되어 있다.

1. 디자인을 일신한 손잡이 달린 수세미 '카메노코 점포' 각 550엔
2. 로고가 들어간 티셔츠 등 어패럴 굿즈도
3. 손 피부에도 자극이 없는 부엌용 세제 '카메노코 워시' 각 770엔

1 亀の子束子 谷中店
병설된 카페 스페이스도 이용하고 싶은
카메노코 타와시 야나카점

90% 나홀로 정도

키타구에 본점이 있는 노포 수세미 점포의 안테나 숍. 지은 지 75년 된 공중목욕탕을 리뉴얼한 점내에는 창업 이래 롱셀러인 '카메노코 수세미'를 중심으로 일용잡화가 늘어서 있다.

Map P.119-A3 네즈(根津)

- ♠ 분쿄구 네즈 2-19-8 SENTO 빌딩 1F A
- ☎ 03-5842-1907
- ⏰ 11:00~18:00
- 🈳 연중무휴
- 🚇 지하철 네즈역 1번 출구에서 도보 2분

90% 나홀로 정도

2 雨音茶寮
옛날 민가를 개장한 일본식 모던 카페
아마네 다료

13:45

80% 나홀로 정도

화과자, 양과자, 오반자이와 오차즈케, 맥주와 안주로 구성된 4종류의 세트메뉴를 준비. 엄선한 녹차와 현미자, 마지막에 현미차도 함께 즐길 수 있다. 포트로 제공되는 것이 기쁘다.

정성껏 한 잔을 만들어 제공합니다.

1. 육수차즈케와 매일 바뀌는 작은 반찬 4개, 음료가 제공되는 '아마네 밥'(1600엔)은 볼륨 만점
2. 은둔처 같은 2층에는 좌식석과 테이블석이 있다.
3. 1층에는 주말 한정으로 화초 판매도 한다.

Map P.119-A3 센다기(千駄木)

- ♠ 분쿄구 센다기 2-44-19
- ☎ 03-6876-8402
- ⏰ 12:00~21:00(L.O. 19:30)
- 🈳 화·수
- 🚇 지하철 센다기역 1번 출구에서 도보 4분

3 GOAT 고트
메이드 인 도쿄의 문방구

14:45

점주가 셀렉트한 도쿄에서 태어난 아이템은 모두 문구를 좋아하는 사람에게는 못 견디게 좋은 라인업. 일러스트레이터 마스코 에리(ますこえり) 씨와의 콜라보 상품은 도장과 테이프 등 평소 사용하기에도 좋다.

Map P.119-A3 센다기(千駄木)

- ♠ 분쿄구 센다기 2-39-102
- ⏰ 금 13:00~18:00, 토·일·공휴 12:00~18:00
- 🈳 월~목, 비정기 휴무
- 🚇 지하철 센다기역 1번 출구에서 도보 3분

1. 왼쪽 위의 마스코 테이프 506엔~, LIFE 노블노트 A7 사이즈 220엔~
2. 상자 만들기 키트×마스코 에리의 도구상자 2200엔
3. 카라비너 모양 볼펜 각 165엔

✉ '아마네 다료'는 음료 종류도 풍부하여 다양한 녹차와 홍차를 즐길 수 있습니다. (도쿄도·네콧코)

やなかぎんざ 상점가
谷中銀座商店街

日暮里駅
닛포리역

⑥

夕やけ
だんだん
유야케 단단

千駄木駅
센다기역

三崎坂
산사키자카

谷中霊園
야나카 묘지

③

②

④

言問通り
코토토이도리

① 根津駅
네즈역

⑤

나 홀로 TIPS

SCAI THE BATH HOUSE 이외에도 타케히사 유메지 미술관(→P.88)과 국립서양미술관(→P.86)이 있어 미술 감상에도 안성맞춤.

1. 눈을 끄는 기와지붕 건물인데 관내는 현대적 전시 스페이스 2,3,기획전은 1년에 4∼5회 페이스로 하고, 회화뿐 아니라 입체작품 등도 전시된다.

야네센

80% 나 홀로 정도

4 최첨단의 현대 아트를 전하는 거점
SCAI THE BATHHOUSE 15:30
스카이 더 배스하우스

현대미술에 특화된 갤러리 스페이스. 200년의 역사를 가진 공중목욕탕 '카시와유(柏湯)'를 개조한 공간에서는 제일선에서 활약하는 아티스트의 전람회를 실시. 기획전은 공식 사이트를 체크.

Map P.119-A3 야나카(谷中)

🏠 다이토구 야나카 6-1-23 카시와유아토
☎ 03-3821-1144
🕐 12:00∼18:00
📅 월·일·공휴일, 전시 교체 기간
🚃 JR 닛포리역 남쪽 출구에서 도보 8분

1.촬영: 우에노 노리히로(上野則宏)
2.3.촬영: 오모테 노부타다(表恒匡)
협력: SCAI THE BATHHOUSE

유야케 단단도 놓치지 말자!

1.상시 8종류의 맥주를 탭으로 따라준다. 야나카 맥주 테이스팅 세트 1470엔
2.계절의 아히죠(990엔)도 인기가 높다.
3.복합시설 '우에노 사쿠라기 아타리(上野桜木あたり)' 안에 있다.

17:30

60% 나 홀로 정도

6 옛 추억에 잠기게 하는 노포 상점가
谷中銀座商店街
야나카긴자 상점가

생선가게, 야채가게 등 지역 사람들이 다니는 노포도 많지만, 새로 오픈한 디저트 전문점도 증가하고 있어 신구(新舊) 모두를 즐길 수 있는 것이 매력. 산재하는 고양이 모티프 오브제도 찾아보자.

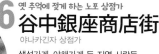

1.잡화점 '이토사메(糸雨) 잡화점'은 아마네 다로의 자매점. 젤라토 점포도 병설
2.고양이 꼬리를 모티프로 한 '야나카 싯포야'의 도너츠
3.보기 드문 플로랑틴 전문점도 있다.

Map P.119-A3 야나카(谷中)

🚃 JR 닛포리역 서쪽 출구에서 도보 5분

야나카긴자를 대표하는 명물 디저트♡

70% 나 홀로 정도

5 나 홀로용 카운터석도 있다.
谷中ビアホール 16:00
야나카 비어홀

수제 맥주 메이커에 한정하여 양조된 야나카 맥주와 야나카 생강을 사용한 단품 요리 등 맛있는 술과 간단한 요리를 먹을 수 있는 점포. 여주인이 운영하고 있어 여성 혼자서도 들어가기 쉽다.

Map P.119-A3 야나카(谷中)

🏠 다이토구 우에노사쿠라기 2-15-6 우에노 사쿠라기 아타리 1호동
☎ 03-5834-2381
🕐 11:00∼20:00, 월∼15:30
📅 세 번째 월요일(공휴일인 경우 영업)
🚃 JR 닛포리역 남쪽 출구에서 도보 10분

'야나카긴자 상점가'에는 2022년 4월, 와라비모찌 전문점 '칸미도코로 가마쿠라(甘味処鎌倉)'가 오픈. 음료와 선물이 충실하다. 🔔

노포 & 플래그십 스토어를 구석구석까지 산책!
어른의 거리 긴자의 명품 찾기

옛날부터 사랑받아 온 브랜드와 아이템은 자신에 대한 격려 & 소중한 사람에 대한 선물로도 추천. 레트로 찻집과 카페 순례도 긴자만의 즐거움.

TOTAL 8시간

긴자산책
TIME TABLE

11:00 SHISEIDO GLOBAL FLAGSHIP STORE
↓ 도보 10분
13:30 찻집 you
↓ 도보 8분
15:00 긴자 이토야 본점
↓ 도보 6분
16:00 Tea forte GINZA SIX점
↓ 도보 3분
16:30 긴자 키쿠노야 긴자본점
↓ 도보 7분
17:15 츠키노하나레

80% 나홀로정도

11:00

신강강의 명상 체험!

1. 메이크업 상품을 갖다 대면 상세한 내용이 표시되며, 시뮬레이션 기능으로 완성 이미지를 체크할 수 있다.
2. 손을 갖다 대면 미용액이 나오는 자동 테스터
3. 메디테이션 팟은 30분 4400엔(예약 필요)

1 SHISEIDO GLOBAL FLAGSHIP STORE
시세이도 최초의 대형 플래그십 스토어 등장
시세이도 글로벌 플래그십 스토어

브랜드의 모든 상품을 시험할 수 있으며, 뷰티 컨설턴트에 의한 스킨케어와 메이크업 레슨을 받을 수 있다. 알티뮨과 일부 립 등의 각인 서비스도.

Map P.120-B2
♠ 추오구 긴자 3-3-13
☎ 03-3538-5071
🕐 11:00~20:00
🈳 비정기 휴무
Ⓜ 지하철 긴자역 C8 출구에서 도보 1분

3 銀座 伊東屋 本店
1904년에 창업한 문방구 전문점
긴자 이토야 본점

90 나홀로

각 층마다 테마가 나뉘어 있고, 오리지널 문구는 물론 체험형 코너도 있다. 12층의 'CAFE Stylo'는 종일 이용 가능한 카페에서 직접 재배한 야채 샐러드를 제공.

책상 주변의 문구가 중심. 'DESK'에서는 모든 펜을 써볼 수 있으며, 만년필과 볼펜 주문 제작이 가능

Map P.120-B2
♠ 추오구 긴자 2-7-15
☎ 03-3561-8311
🕐 10:00~20:00, 일·공휴~19:00
🈳 연중무휴
Ⓜ 지하철 긴자잇초메역 9출구에서 도보 1분

3F

1개에 7425엔~

2 喫茶you
길게 줄 서는 인기 찻집
13:30
찻집 you

1970년 창업 이래, 긴자 지역에서 팬이 많은 노포. 최고 인기는 뭐니 뭐니 해도 오므라이스로 1일 100그릇 이상 주문된다. 비어 있는 시간을 노린다면 오픈 직후가 좋다.

80% 나홀로정도

1. 오므라이스(음료 포함) 1300엔. 베이컨과 양파가 들어간 케첩라이스에 진한 오믈렛을 ON!

2. 수제 디저트도 함께 먹고 싶다. 레몬젤리 +400엔(단품 650엔)도 추천

Map P.120-C2
♠ 추오구 긴자 4-13-17
☎ 03-6226-0482
🕐 11:00~16:30 (L.O. 16:00)
🈳 연중무휴
Ⓜ 지하철 히가시긴자역 3번 출구에서 도보 1분

2F

편지지와 봉투, 엽서가 모여있다. 'Write & Post'에서는 구입한 편지지에 편지를 쓰고 이토야 오리지널 디자인 우표를 붙여 진짜 우체통에 넣을 수 있다.

만년필도 빌려준다!

그 자리에서 우체통에 넣을 수 있는 시스템!

✉ '긴자 이토야 본점'은 모든 층에 갖고 싶은 게 많아 혼자서 몇 시간이라도 있을 수 있습니다! (치바현·핏피)

4 16:00

80% 나 홀로 섬도

피라밋형 티백이 특징적!

2022년 4월에 일본 첫 진출!

Tea forte
GINZA SIX店
긴자 식스점

뉴욕 근대미술관(MoMA)에서 활약한 디자이너가 NY에서 탄생시킨 홍차 브랜드. 계절 한정의 플레이버와 선물용 모둠 세트 등도 폭넓게 취급하고 있다.

Map P.120-C1

🏠 추오구 긴자 6-10-1 GINZA SIX B2F
☎ 03-6823-0932
🕐 10:30~20:30
🚪 시설에 준함
🚇 지하철 긴자역 A3 출구에서 도보 2분

1. 망고와 오렌지 등의 플레이버를 모은 컬렉션 4968엔
2. 인기 있는 10종류를 모은 티 테이스팅 싱글 4860엔
3. 컵 안에서도 모양이 무너지지 않아 찻잎 본래의 맛을 즐길 수 있다.

디자인도 가능성 발군

나 홀로 TIPS

이토야와 시세이도 등 건물 전체를 통째로 즐길 수 있는 숍이 다수. 식사는 종일 오픈하고 있는 찻집과 팔러가 들어가기 쉽다.

컬러풀하고 화려하다~♥

1. 약 30종의 건과자가 담겨 있는 '후키요세 코토호그(富貴寄〈とほぐ〉)' 2484엔
2. 보자기와 캔 포장도 호화

긴자

5 16:30

90% 나 홀로 섬도

1890년에 창업한 화과자점

銀座 菊廼舍 銀座本店
긴자 키쿠노샤 긴자본점

송죽매(松竹梅)와 아카후지(赤富士), 도미를 모티프로 한 와산본 단과자(和三盆糖)와 쿠키, 별사탕 등을 담은 '후키요세(富貴寄)'가 간판 상품. 계절 한정과 메시지가 들어간 상품도 있어 다양한 용도에 맞게 고르고 싶다.

Map P.120-C2

🏠 추오구 긴자 5-9-17 긴자 아즈마 빌딩 1F
☎ 03-3571-4095
🕐 9:30~18:00, 토・일・공휴~17:30
🚪 연중무휴
🚇 지하철 긴자역 A5 출구에서 도보 1분

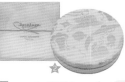

겟코소(月光荘)의 화구를 사용하여 그림을 그리자♪

6 17:15

70% 나 홀로 섬도

창고를 개조한 은둔처 살롱

月のはなれ
츠키노하나레

창업 100년 이상의 노포 화구점이 운영하는 카페 & 바. 아트 전시와 매일 밤 이루어지는 라이브 연주를 즐기면서 자유롭게 보낼 수 있다. 알코올 메뉴 풍부하여 낮부터 살짝 마시기에도 최적.

Map P.120-C1

🏠 추오구 긴자 8-7-18 겟코소 빌딩 5F
☎ 03-6228-5189
🕐 14:00~23:30 (L.O. 22:30), 일・공휴~21:00 (L.O. 20:00)
🚪 비정기 휴무
🚇 JR 신바시역 긴자 출구에서 도보 3분

1. 그림 그리기 세트 1000엔, 사용한 스케치북은 가지고 갈 수 있다.
2. 안쪽에는 테라스석도 있다.
3. 3종류의 소스가 제공되는 '달의 레몬케이크' 750엔

지도

ザ・ペニンシュラ 東京 더 페닌슐라 도쿄

日比谷駅 히비야역

有楽町駅 유라쿠초역

東京交通会館 도쿄 교통회관

数寄屋橋 스키야바시 교차점

Ginza 交差点 Ginza Sony Park

銀座一丁目駅 긴자 잇초메역

松屋銀座 마츠야긴자

銀座駅 긴자역

和光 와코

히가시긴자역 東銀座駅

並木通り 나미키도리

中央通り 추오도리

晴海通り 하루미도리

① ② ③ ④ ⑤ ⑥

자동차가 달리지 않음

'츠키노하나레'를 운영하는 '겟코소 화구점' **Map** P.120-C1 에서는 자사 공장에서 제조하는 화구와 붓, 스케치북 등을 판매.

99

트렌드가 모이는 오모테산도~시부야에서 줄 서는 인기 상점 순례

새로운 가게가 속속 오픈하는 초격전 지역.
도쿄 굴지의 멋진 타운에서 지금 가장 핫한 장소를 체크.
일본 & 도쿄를 첫 상륙한 점포도 놓칠 수 없다!

TOTAL 8.5시간

오모테산도~시부야산책
TIME TABLE

10:30 AMAM DACOTAN 오모테산도점
↓ 도보 30초
12:00 리나스토어즈 오모테산도
↓ 도보 17분
14:00 +SPBS 시부야 스크램블스퀘어점
↓ 도보 8분
15:00 시부야 도큐 푸드쇼
↓ 도보 5분
16:00 히키니쿠토코메 시부야점
↓ 도보 5분
17:30 Mikkeller Tokyo

오픈하기 약 1시간 전에 줄 서야 한다!

1. 생도너츠 238엔
2. 유행의 선두가 되었던 팔소 마리토조 388엔
3. 명란 페페론치노 바게트 486엔
4. 다코탄버거 572엔

나 홀로 TIPS

오모테산도역 주변과 아오야마도리는 솔로 대상 맛집의 보고(寶庫)로, 가게 고르기에 곤란함이 없다! 시부야에서는 역 앞 상업 시설에서 선물 구매.

1 후쿠오카에서 탄생한 인기 베이커리 첫 상륙
AMAM DACOTAN 表参道店
아맘 다코탄 오모테산도점 10:30

80% 나 홀로 적합

드라이 플라워와 골동품 가구로 장식된 점내에는 상시 100종류 이상의 빵이 있다. 야외 테라스석과 점내의 개별룸은 먹을 수 있는 공간으로 카페 메뉴도 있다.

Map P.122-A2 오모테산도(表参道)

🏠미나토구 기타아오야마 3-7-6
📞03-3498-2456
🕐10:00~19:00
연중무휴
🚇지하철 오모테산도역 B2 출구에서 도보 1분

2 12:00
피스타치오 그린이 돋보이는 점내
리나스토어즈 表参道
리나스토어즈 오모테산도

70% 나 홀로 적합

런던의 번화가에서 탄생하여 지역의 지지를 얻은 레스토랑 & 델리의 해외 진출 1호점. 오픈키친과 파스타 공방이 있고 본점과 같은 기계를 사용한 프레시 파스타를 먹을 수 있다.

Map P.122-A2 오모테산도(表参道)

🏠미나토구 기타아오야마 3-10-5 수프링테라스 오모테산도 1F
📞03-6427-3758
🍴레스토랑 11:00~22:00 (음식 L.O. 21:00, 음료 L.O. 21:30), 델리카트슨~21:00
비정기 휴무
🚇지하철 오모테산도역 B2 출구에서 도보 1분

풍짓풍짓한 생파스타의 쫀득되는 맛!

트뤼프가 얹어진 탈리올리니(2000엔)와 베리 논알코올 스파클링(850엔)

1. 테마 컬러의 포장이 귀여운 오리지널 상품도 다수. 스트라이프 토트백(소) 1950엔
2. 발사믹 식초 3300엔, 올리브 오일도 있다.
3. 링귀네(920엔)와 오레키에테(980엔)

[지도상 표기]
竹下通리 / 타케시타도리
原宿駅 / 하라주쿠역
메이지진구마에<하라주쿠>역 明治神宮前<原宿>駅
明治通り / 메이지도리
TOWER RECORDS
109
나 홀로 샤브샤브 7대 마초고 미야마쓰자카우에점
ひとりしゃぶしゃぶ 七代目 松五郎 宮益坂上店 P.51
아오야마도리 青山通り
명곡喫茶 명곡 찻집 라이온 名曲喫茶 ライオン P.60
시부야역 渋谷駅
ふれんち御膳 Mono-bis 프렌치 한상 Mono-bis P.56
EMMÉ WINE BAR P.64
로폰기도리 六本木通り
오모테산도역 表参道駅
콘토리리 骨董通り
약선 레스토랑
薬膳レストラン 10ZEN 青山店 P.58
10ZEN

✉ '리나스토어즈'의 델리에서 파스타 세트를 샀습니다. 집에서 본격적인 맛을 재현할 수 있어 기쁩니다! (시즈오카현·라라)

3 작은 선물에 안성맞춤 14:00

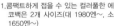

+SPBS 渋谷スクランブルスクエア店
플러스 에스피비에스 시부야 스크램블스퀘어점

90% 나 홀로 선도

오쿠시부야의 서점 'SPBS'가 셀렉트한 기프트숍. '골라서 즐겁고, 받아서 기쁜'을 컨셉으로 문방구, 액세서리, 홈케어 용품 등 약 1500점이 모여 있다.

1. 콤팩트하게 접을 수 있는 컬러풀한 에코백은 2개 사이즈(대 1980엔~, 소 1650엔~)
2. 포장만 보고도 사고 싶어지는 Crema Mani의 핸드크림 858엔
3. 제3세계 숍의 페어 트레이드 드립 커피 각 151엔~
4. 시부야역 직결의 시부야 스크램블스퀘어 안에 있다

Map P.122-B1 시부야(渋谷)

🏠 시부야구 시부야 2-24-12 시부야 스크램블스퀘어 2F
☎ 03-6452-6211
🕐 10:00~21:00
🈺 시설에 준함
🚇 지하철 시부야역 B6 출구 직결

---

4 여기서만 살 수 있는 건되 15:00

渋谷 東急フードショー
시부야 도큐 푸드쇼

90% 나 홀로 선도

2021년에 리뉴얼 오픈하여 디저트와 델리, 신선식품과 야채 등 약 100개 점포가 집결. '시부야 도큐 푸드쇼' 한정 상품과 첫 출점 점포 등 다채로운 라인업이 매력

Map P.122-B1 시부야(渋谷)

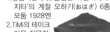

🏠 시부야구 도겐자카 1-12-1 시부야 마크시티 1・B1F/시부치카
☎ 03-3477-3111
🕐 10:00~21:00
🈺 연중무휴
🚇 케이오이노카시라선 시부야역 직결

1. 상업시설에 첫 출점한 '아틀리에 후지타'의 계절 오하기(おはぎ) 6종 모듬 1928엔
2. TiMi의 테이크 아웃 전문점. 베이크드 티라미수 540엔
3. 가쿠오잔(覚王山) 과일 다이후쿠(大福) 벤자이텐(弁才天)의 무화과 다이후쿠 801엔~

오모테산도 시부야

---

5 16:00

90% 나 홀로 선도

최강의 고기덮밥

挽肉と米 渋谷店
히니쿠토코메 시부야점

'갓 갈고, 갓 굽고, 갓 지은'을 모토로, 점내에서 간 소고기 100%의 간 고기를 눈앞에서 숯불로 구워 제공. 메뉴는 심플하게 '히키니쿠토코메 정식' 뿐. 추가 사이드메뉴도.

Map P.122-B1 시부야(渋谷)

🏠 시부야구 도겐자카 2-28-1 시이즈빌딩 3F
☎ 03-6455-2959
🕐 11:00~21:00
🈺 수
🚇 JR 시부야역 하치코 출구에서 도보 6분

1, 3. 밥과 된장국이 곁들여져 1500엔, 밥 리필과 날달걀 무료로, 간 고기 90g은 3개까지 같은 요금에 포함된다.
2. 전 좌석 카운터석으로, 들어가기 쉽다.

핫도그(800엔)도 추천

6 17:30

60% 나 홀로 선도

대도시의 캐주얼한 맥주바

Mikkeller Tokyo
밋켈러 도쿄

덴마크에서 탄생한 수제 맥주 브랜드 'Mikkeller'의 일본 1호점. 맥주 탭으로 먹을 수 있는 맥주는 전 20종류. 1층의 개방감 넘치는 오픈 테라스에서 혼술을 즐기자.

Map P.122-B1 시부야(渋谷)

🏠 시부야구 도겐자카 2-19-11 ☎ 03-6427-0793
🕐 16:00~다음 날 0:00 (L.O, 23:30), 금~다음 날 0:30 (L.O, 다음 날 0:00), 토 12:00~다음 날 0:30 (L.O, 다음 날 0:00), 일・공휴 12:00~다음 날 0:00 (L.O, 23:30)
🈺 연중무휴
🚇 JR 시부야역 하치코 출구에서 도보 7분

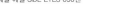

1. 라거맥주 GERMAN PILS 950엔
2. 체리맛의 SPONTAN CHERRY FREDERIKSDAL 2020 1250엔
3. 글루텐프리의 IPA, SPACE RACE GLUTEN FREE 750엔
4. 페일 에일 SIDE EYES 650엔

'AMAM DACOTAN'은 인터넷에서 예약 & 결제를 해 점포에서 줄 서지 않고 수령할 수 있는 시스템도 있으므로 현명하게 활용하자

하이 센스 타운
에비스~나카메구로에서 충실한
나 홀로 휴일 보내기

매일의 생활에 밀착하는 숍과 나 홀로 도전하고 싶은 바까지 개성파 라인업이 대집합. 사우나는 심야까지 영업하고 있으므로 마무리로도 OK!

사우나하고 나서 한 잔은 어떨까!?

TOTAL 7시간

에비스~나카메구로 산책
TIME TABLE

- **14:00** 도시 에비스
  ↓ 도보 6분
- **16:00** 다카페 에비스점
  ↓ 도보 9분
- **16:45** VERMICULAR HOUSE
  ↓ 도보 10분
- **17:30** TRAVELER'S FACTORY 나카메구로
  ↓ 도보 4분
- **18:15** 샤브샤브 레타스 나카메구로 본점
  ↓ 도보 5분
- **20:00** Antonic

---

1 ドシー 恵比寿
도시 에비스

사우나 × 수면에 특화한 서비스

14:00

60% 나 홀로 정도

나무의 온기가 넘치는 핀란드식 사우나. 벤치에 앉아서 찬물을 맞는 '워터 필라'와 사우나를 교대로 왔다 갔다 하여 상쾌하게 정비하자.

심야도 영업하는 게 기쁘다!

잠자기도 편안합니다!

Map P.122-C2 에비스(恵比寿)

- 🏠시부야구 에비스 1-8-1
- ☎03-3449-5355
- 🕐사우나 12:00~다음 날 10:00
- 💴사우나 1시간 1000엔~ 🗓연중무휴
- 🚉JR 에비스역 서쪽 출구에서 도보 2분

1. 실내는 90도 전후로 관리되고 있다.
2. 민트워터의 셀프 뢰밀리로 온도 조정 가능
3. 숙박은 물론 수면도 OK. 첫 1시간 1500엔(이후 1시간마다 500엔)

이 가게가 만드는 본격적인 과일 샌드위치는 실용♥

1. 매일 바뀌는 과일 샌드위치는 상시 10종류 전후. 딸기와 망고, 오렌지 등 큼직한 과일이 듬뿍 들어 있다.
2. 맑은 날은 야외 테라스석에 앉자

2 ダカフェ 恵比寿店
다카페 에비스점

매혹적인 샌드위치 단면에 심쿵♥

16:00

80% 나 홀로 정도

아이치현(愛知県)에 있는 '다이와 슈퍼(다이와스-퍼)'가 만든 카페. 호텔 안에 있으며 아침에는 모닝 메뉴도, 제철 과일을 사치스럽게 사용한 계절 파르페(가격 변동도) 인기.

Map P.122-C2 에비스(恵比寿)

- 🏠시부야구 에비스미나미 3-11-25 프린스 스마트인 에비스 1F
- ☎080-7139-6610
- 🕐6:30~23:00 🗓연중무휴
- 🚉JR 에비스역 서쪽 출구에서 도보 4분

버미큘라에서 구운 과자, 커피도!

1. '음식과 생활'에 관한 책이 약 1500권 있는 라이브러리
2. 한정 사이즈의 상품을 구입할 수 있다.

3 VERMICULAR HOUSE
버미큘라 하우스

버미큘라의 플래그십 숍

16:45

80% 나 홀로 정도

'최고의 버미큘라 체험'이 컨셉인 체험형 복합시설. 소재 본래의 맛에 감동하는 레스토랑, 상질의 반찬이 진열된 델리, 숍, 요리교실까지 가득.

Map P.122-C1 다이칸야마(代官山)

- 🏠시부야구 사루가쿠초 28-14 VERMICULAR HOUSE
- ☎숍 03-6433-7405, 레스토랑 03-6433-7407, 델리 03-6433-7408
- 🕐숍 10:00~20:00, 레스토랑 11:00~15:00(L.O 14:00)17:30~22:30(음식 L.O. 21:30, 음료 L.O. 22:00), 델리 11:00~19:00
- 🗓수
- 🚉도큐토요코선 다이칸야마역 정면 출구에서 도보 3분

八幡通り
代官山 アドレス
다이칸야마 어드레스

代官山駅
다이칸야마역

駒沢通り
코마자와도리

旧山手通り
큐야마테도리

目黒川와 메구로가와
山手通り
야마테도리

中目黒駅
나카메구로역

나 홀로 산책의 기록을 메모하자　**17:30**

4 TRAVELER'S FACTORY 中目黒
트래블러스 팩토리 나카메구로

90% 나 홀로 척도

가죽 커버와 잘 써지는 노트 리필에 팬도 많은 '트래블러스 노트'를 중심으로 마스킹 테이프와 스탬프 등 노트를 커스터마이즈할 수 있는 오리지널 문구가 다수 있다.

Map P.122-C1　나카메구로(中目黒)

🏠 메구로구 카미메구로 3-13-10
☎03-6412-7830 ⏱12:00~20:00
📅화 🚇지하철·도큐토요코선 나카메구로역 서쪽 출구2에서 도보 3분

1. 도쿄메트로와 콜라보한 마스킹 테이프 473엔
2. 체코의 빈티지 성냥갑 라벨 473엔

여행하고 싶어지는 아이템이 가득!

1. 숙성 우설 2점, 흑우 붉은살 등심 2점, 숙성 돼지갈비 4점을 먹을 수 있는 '레타스 세트' 1500엔
2. 오픈키친과 일체화한 카운터석 완비

90% 나 홀로 척도

새로운 샤브샤브의 모습을 제안　**18:15**

5 しゃぶしゃぶ れたす 中目黒本店
샤브샤브 레타스 나카메구로 본점

한 사람 한 냄비로 제공하는 샤브샤브 전문점. 제철 야채와 엄선된 고기, 점포에서 매일 만드는 8종류의 엄선된 육수, 25종류를 넘는 소스와 향신료로 자신의 취향에 맞는 샤브샤브를.

Map P.122-C1　나카메구로(中目黒)

🏠 메구로구 카미메구로 2-12-1 Rootus Nakameguro 2F ☎03-6451-2920
⏱11:00~15:00(L.O. 14:00), 17:00~23:00(L.O. 22:30) 📅비정기 휴무
🚇지하철·도큐토요코선 나카메구로역 동쪽 출구2에서 도보 2분

에비스
比寿園

JR恵比寿駅
JR에비스역

恵比寿スカイウォーク

에비스 가든플레이스
恵比寿ガーデンプレイス

나 코로 온이도 많습니다!

나 홀로 TIPS

불리(→P.77)와 다이도쿠로 칸포(→P.74) 등에서 품질 좋은 미용 굿즈를 사자. Antonic 같이 혼자여도 들어가기 쉬운 바도 많다.

1. 이탈리아, 미야자키(宮崎), 스코틀랜드, 네덜란드, 프랑스 등 베리에이션 풍부. 귀여운 라벨로 선택하는 것도 좋다.
2. 세계지도를 이미지한 벽에는 왼쪽 위에 북유럽, 오른쪽 아래에 남미의 진이 진열되어 있다.

70% 나 홀로 척도

일본 최초의 진토닉 전문점　**20:00**

6 Antonic
안토닉

메뉴는 진토닉뿐으로 전 세계에서 모은 약 120종류의 진이 있으며, 기호에 맞는 1잔을 고를 수 있다. 차지 없이 진 종류에 따라 800엔·1000엔·1200엔의 가격.

논알코올 진도 있습니다!

Map P.122-C1
나카메구로(中目黒)

🏠 메구로구 히가시야마 1-9-13
☎03-6303-1729
⏱17:00~23:00, 토·일·공휴 13:00~
(휴)비정기 휴무
(교지)지하철·도큐토요코선 나카메구로역 서쪽 출구1에서 도보 9분

'Antonic'에서는 60분간 비교 시음할 수 있는 'Taste & Find'(4000엔)가 등장. 다양한 종류의 진을 맛보자.

개성파 타운 기치조지~니시오기쿠보에서 스페셜한 전문점 발견♪

광대한 자연과 도회적인 카페 & 숍이 공존하는 두 지역.
이노카시라공원에서 니시오기쿠보역까지는 도보로 30분 정도이므로
산책에도 안성맞춤.

TOTAL 6시간

기치조지~니시오기쿠보 산책
TIME TABLE

- **10:00** chai break
  ↓ 도보 12분
- **11:30** 싯포 기치조지 본점
  ↓ 도보23분
- **13:00** Boite
  ↓ 도보 13분
- **14:00** 문구점 타비
  ↓ 도보 4분
- **14:30** 연하게 볶은 커피와 자연파 와인 Typica

1 chai break 차이 브레이크

이노카시라공원 입구의 좋은 입지 **10:00**

신선한 찻잎을 한 잔씩 손냄비로 끓여낸 차이를 먹을 수 있는 홍차 전문점. 차이 프라페, 어레인지 차이 등 다양한 맛을 즐길 수 있다. 모닝 및 런치 메뉴도 있다.

80% 나 홀로 섯도

Map P.123-A1 기치조지(吉祥寺)

🏠 무사시노시 고텐야마 1-3-2
☎0422-79-9071
🕐9:00~19:00, 토 · 일 · 공휴 8:00~
㉮화요휴일인 경우는 다음 날
🚃JR 기치조지역 남쪽 출구에서 도보 3분

1. 수제 브리오슈의 프렌치 토스트 1100엔
2. 끓인 밀크티(550엔)를 비롯해 테이크아웃도 가능

대정통 大正通り

다이쇼도리

테이크아웃해서 이노카시라공원으로

공원 벤치에서 향기로운 차이를 만끽!

여기도 추천!

이노가시라 호수(井の頭池)에 인접한 커피숍. 테이크아웃만 가능하며 수제로 볶아낸 핫커피(250엔)와 메이플시럽맛 고양이 도넛(220엔)이 인기.

블루스카이 커피

Map P.123-A1 기치조지(吉祥寺)

🏠 미타카시 이노카시라 4-1-1 이노카시라공원 안
🕐10:00~18:00,토 · 일 · 공휴 ~18:30
㉮수 · 꽃놀이 기간
🚃JR 기치조지역 남쪽 출구에서 도보 10분

뱃조 운양이 귀엽다♥

기치조지역

吉祥寺駅

井の頭 恩賜公園 이노카시라 온시공원

ブルースカイコーヒー
블루스카이 커피

이노카시라
井ノ頭通り

2 四歩 吉祥寺本店 싯포 기치조지 본점

타마(多摩) 지역에 8개 점포를 전개하는 **11:30**

70% 나 홀로 섯도

일본 전국 각지에서 모은 옛날 도구와 일용잡화를 취급하는 숍. 식사가 가능한 것은 기치조지 본점뿐. 런치는 물론 디저트와 알코올 메뉴도 풍부. 케이크와 구운 과자는 테이크아웃도 가능.

Map P.123-A1 기치조지(吉祥寺)

🏠 무사시노시 기치조지키 타마치 1-18-25
☎0422-26-7414
🕐11:30~21:00(L.O. 20:15)
㉮목
🚃JR 기치조지역 서쪽 출구에서 도보 10분

몸이 기뻐하는 푸짐한 겅삼 런치♪

1. 매일 바뀌는 밥 세트(런치타임 1210엔)는 메인이 매일 바뀌며 2종류에서 고를 수 있다.
2.3. 온기가 넘치는 식기와 부엌용품, 손으로 짠 바구니 등이 진열되어 있다.

3 파리지엔 기분을 느낄 수 있는 아이템 `13:00` **90%** 나 홀로 섣도

Boite 보와뜨

파리에 거주하는 사진 에세이스트 토노 마리코 씨가 오너인 프렌치 잡화점. 토노 씨가 프랑스 전역에서 셀렉트한 매력적인 굿즈를 갖추고 있다. 카페도 병설하고 있다.

Map P.123-A2
니시오기쿠보(西荻窪)
🏠스기나미구 니시오기키타 4-5-24 1F
☎03-6762-7500
🕐10:00~19:00 휴화
🚉JR 니시오기쿠보역 북쪽 출구에서 도보 8분

자전거로도 이동하기 쉽다!

1. 프랑스어가 쓰여 있는 The Jacksons의 쥬트백 1만 1900엔
2. 에펠탑 모티프의 포토 스탠드 690엔
3. 앤티크 접시 2990엔. 벼룩시장에서 발견한 진귀한 물건 다수

기치조지~니시오기쿠보

---

4 사랑스러운 동물 굿즈에 심쿵♥ `14:00` **90%** 나 홀로 섣도

文具店 タビー 문구점 타비

동물 모티프를 전문으로 취급하는 문구 & 잡화점. 유명한 강아지와 토끼뿐 아니라, 점주 요시다(吉田) 씨가 추천하는 넓적부리황새 등 폭넓은 동물 아이템이 있어 무엇을 고를지 고민하는 즐거움도.

Map P.123-A2
니시오기쿠보(西荻窪)
🏠스기나미구 니시오기미나미 3-5-21-102
☎03-5941-6186
🕐11:00~19:00 휴화
🚉JR 니시오기쿠보역 남쪽 출구에서 도보 5분

가지고 있으면 기분이 좋아지는 멋진 상품들!

나 홀로 TIPS

기치조지는 자연부터 맛집까지 베리에이션 풍부. 니시오기쿠보는 아담한 점포가 많고, 혼자서 들어가기 쉬운 점포가 역 앞에 산재해 있다.

니시오기쿠보역
西荻窪駅

1. 홀로 서는 고래 스마트폰 & 펜 스탠드 1760엔
2. 부리 안쪽에 자석이 있어 키홀더를 붙일 수 있는 넓적부리황새 키 행거 990엔
3. 벽에 걸 수 있는 날다람쥐 티슈 케이스 3520엔

神明通り
신메이도리

五日市街道
이쓰카이치카이도

`14:30` **70%** 나 홀로 섣도

5 와인 x 파르페의 페어링

浅煎りコーヒーと自然派ワイン Typica
연하게 볶은 커피와 자연파 와인 Typica

'인생을 풍요롭게 하는 기호품'을 컨셉으로 커피, 와홍차(和紅茶), 내추럴 와인과 디저트를 제공. 인기 파르페는 음료와의 조합을 생각하면서 구성하는 정성스러운 일품.

Map P.123-A2
니시오기쿠보(西荻窪)
🏠스기나미구 니시오기미나미 3-18-10
☎070-4072-5629
🕐12:00~19:00(L.O.18:30) 휴수・목
🚉JR 니시오기쿠보역 남쪽 출구에서 도보 3분

와인은 상시 5종류 준비되어 있음!

1. 커피콩과 와홍차의 찻잎은 각 30g 1000엔
2. 계절 파르페와 내추럴 와인의 '티피카 세트(2300엔)'에는 정성스러운 해설이 곁들여져 있다.

'Typica'의 파르페는 매월 20일 무렵에 변경되는 경우가 많다. 상세한 내용은 Instagram(@typica_coffee_wine)을 체크.

지금 주목받는 세타가야선 주변에서 일품 빵 & 디저트 헌팅

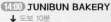

TOTAL 6시간

세타가야선 산책

TIME TABLE

- 14:00 JUNIBUN BAKERY
  - ↓ 도보 10분
- 14:30 JOURNEY
  - ↓ 전차+도보 15분
- 15:30 This___
  - ↓ 전차+도보 10분
- 16:30 FIKAFABRIKEN
  - ↓ 전차+도보 15분
- 18:00 쇼인 PLAT

베이커리 격전구이기도 한 세타가야선 주변. 유니크한 전문점도 많으므로 평화로운 노면전차에 흔들리면서 각 역에 산재하는 추천 스팟을 돌자!

1 일본 국산 밀가루를 고집하는 일품 빵 14:00

JUNIBUN BAKERY

주니분 베이커리

80% 나 홀로 정도

오쿠시부야의 인기 베이커리 '365日'을 만든 스기쿠보(杉窪) 셰프에 의한 라이프스타일 숍. 빵과 케이크, 색색의 꽃이 점내에 아름답게 늘어서 있고 보존기한이 긴 구운 과자류도 풍부.

Map P.123-C2 산겐자야(三軒茶屋)

세타가야구 산겐자야 1-30-9 산겐자야 터미널 빌딩 1F
☎03-6450-9660 ◑9:00~19:00 (휴)비정기 휴무
(교)도큐세타가야선 산겐자야역 남쪽 출구B에서 도보 3분

갓 구운 빵을 드세요!

1.2.2층에 있는 '이족보행 coffee roasters'에서는 음료를 주문하면 1층의 빵을 가지고 갈 수 있다. 추천 메뉴 '매직'(715엔)과 함께 먹으면 좋다.
3.귀여운 포장지에 들어있는 풍선빵(368엔)은 쫄깃한 식감이 특징
4.프랑스빵에 펄 초콜릿을 넣은 쇼콜라프랑스 314엔

세계지도가 그려진 점내에서 마음이 들뜬다♪

기다리던 슈크림♥

항상 신작을 만들고 있습니다!

2 14:30 향토과자로 세계일주하자!

JOURNEY 저니

90% 나 홀로 정도

세계 각국의 향토과자가 상시 15종류 진열된 테이크아웃 전문점. 프랑스에 살았던 경험이 있고 여행을 좋아하는 오너에 의한 유명 유럽 과자는 물론, 아시아와 코카서스 지방의 희귀한 디저트는 처음 만나는 맛도 많을 것이다.

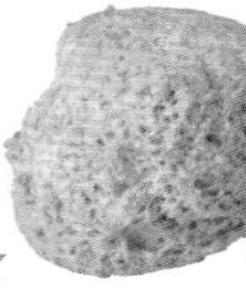

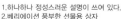

1.하나하나 정성스러운 설명이 쓰여 있다.
2.베리에이션 풍부한 선물용 상자
3.프랑스과자 카늘레 500엔
4.영국의 스콘 300엔
5.왼쪽 위부터 시계방향으로 아제르바이잔의 쉐케브라(400엔), 프랑스의 마카롱 다미안(450엔), 인도의 축하과자 베산 라두(450엔), 스페인의 폴보론(300엔)

Map P.123-C2 산겐자야(三軒茶屋)

세타가야구 타이시도 2-9-25
☎03-5432-9323
◑11:00~20:00
(휴)화
(교)도큐세타가야선 산겐자야역 북쪽 출구B에서 도보 5분

'JOURNEY'의 스콘은 바삭바삭하고 맛이 있다! 클로티드 크림도 판매하고 있어서 구입하였습니다. (가나가와현 · 코우)

3 This__ 디스
매일을 멋지게 수놓는 일용잡화 **15:30**

90% 나홀로섬도

그래픽 디자이너인 오너가 일본 국내외로부터 모은 작가의 그릇과 액세서리, 오리지널 굿즈 등을 전개하는 셀렉트숍. 핸드드립 커피도 테이크아웃할 수 있다.

Map P.123-C2 쇼인진자마에(松陰神社前)

🏠세타가야구 세타가야 4-2-15 1F
☎03-6379-4620
🕐12:30~18:00
(휴)수・일, 비정기 휴무
(교)도큐세타가야선 쇼인진자마에역 산겐자야 방면 1번 출구에서 도보 1분

1. 일본의 조형작가가 만드는 실내화는 M사이즈 4620엔
2. 포르투갈의 노포 'Caza das Vellas Loreto'의 캔들 각 4180엔

수다를 떨면서 터야당♪

쿠키 오동도!

세타가야선 주변

4 FIKAFABRIKEN 피카파브리켄
스웨덴식 카페 브레이크 **16:30** **70%** 나홀로섬도

스웨덴 유학 경험을 가진 오너 세키구치(関口) 씨와 스웨덴인 아담 씨에 의한 카페. 커피와 과자, 대화를 즐기는 스웨덴의 카페 문화 '피카'를 체감할 수 있다.

Map P.118-C1 고토쿠지(豪徳寺)

🏠세타가야구 고토쿠지 1-22-3
🕐11:00~18:00 🅐연중무휴
(교)도큐세타가야선 야마시타역 산겐자야 방면 1번 출구에서 도보 2분

현지의 맛을 재현하였습니다!

1. 유명한 생일 케이크 '프린세스 케이크' 540엔
2. '당근 케이크'(432엔)도 대표적인 구운 과자
3. 카운터석에서 여유 있는 시간을 보내자
4. 카페 테이블과 의자는 오리지널 디자인
5. 라즈베리잼 쿠키(왼쪽/300엔)와 '행복을 운반한다'고 하는 달라 로스 쿠키(200엔)

밤에만 영업하는 베이커리에서 빵과 함께 마실 수도♥

1.2. 빵과 수제 맥주의 점포 'good sleep baker'. 수제 맥주 600엔~, 빵은 1개 150엔~
3. 각 점포는 완만한 복도로 연결되어 있다.

5 松陰PLAT 쇼인 플랫
마을의 플랫폼을 방문합니다 **18:00** **70%** 나홀로섬도

지은 지 50년 이상 된 목조 연립주택을 리노베이션한 복합시설로, 눈앞에서 세타가야선이 달리는 로케이션. 꽃집과 그림책 가게, 카페 & 갤러리 등으로 구성되었다.

Map P.123-C2 쇼인진자마에(松陰神社前)

🏠세타가야구 세타가야 4-13-20
🕐점포에 따라 다름
💴점포에 따라 다름
(교)도큐세타가야선 쇼인진자마에역 산겐자야 방면 2번 출구에서 도보 1분

나홀로 TIPS
번화한 산겐자야는 런치 & 디너에 부족하지 않지만, 쇼인진자마에~고토쿠지에는 아담한 카페와 숍이 산재.

영천 사버렸다.

豪徳寺駅
区役所西通り
쿠야쿠시도리
④
豪徳寺 고토쿠지
松陰神社
⑤
松陰神社前駅 쇼인진자마에역
③
世田谷通り 세타가야도리
環七通り 칸나나도리
게로로의 도큐세타가야선
차자와도리
茶沢通り
玉川通り 타마가와도리
산겐자야역
②
三軒茶屋駅
①

쇼와(昭和) 레트로 거리 걷기
오메의 숨겨진 노포 어드레스

신주쿠에서 전차를 타고 약 1시간. 옆의 히가시오메(東青梅)역을 스타트하여 노스
탤직한 풍경과 평화로운 주택가가 펼쳐지는 오메 주변을 산책하자.

오메산책
TIME TABLE

- **11:00** 히우치야 본점
  ↓ 도보 10분
- **12:00** 마유구라
  ↓ 도보 5분
- **14:00** 스미요시 신사
  ↓ 도보 1분
- **14:30** 호테이야 우산 가게
  ↓ 도보 30초
- **15:00** 오메 맥주

TOTAL 6시간

1 11:00
140년 이상의 역사가 있는 노포
火打屋本店
히우치야 본점

90% 나홀로정도

1877년에 창업한 히우치카지야(火打鍛冶屋)
가 점포 이름의 기원. 2차 대전 후부터 빵집
을 시작하였고 개업 당시부터의 주력 상품은
작아서 먹기 쉬운 크기의 쿠페빵. 레트로의
가구와 잡화가 늘어서 있는 점내에도 주목.

Map P.116-C1 히가시오메(東青梅)

🏠 오메시 카츠누마 1-43 ☎0428-22-2483
🕐 9:00~18:30 🈺일·공휴
🚃 JR 히가시오메역 북쪽 출구에서 도보 3분
1. 팥소 & 마가린(187엔)에 크림(50엔)을 추가
2. 런치에도 대만족인 감자샐러드 308엔
3. 여름철 한정의 예술적인 포카치아 486엔
4. 상시 20종류를 준비
5. 점포 로고가 들어 있는 스티커

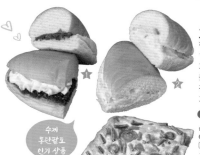

수제
 단팥도
인기 상품

2 돌로 만든 창고를 리노베이션
繭蔵
마유구라 **12:00**

70% 나홀로정도

주택가에 자리 잡은 레스토랑으로, 국가 유형
문화재로도 등록. 현대적인 점내와 테라스석
에서는 야채를 듬뿍 사용한 런치를 먹을 수
있다. 특제 스튜 플레이트와 채식 플레이트
(각 1350엔)도 추천.

Map P.116-C1 오메(青梅)

🏠 오메시 니시분 3-127
☎0428-21-7291
🕐 11:00~16:30 (L.O. 16:00) 🈺화
🚃 JR 히가시오메역 남쪽 출구에서 도보 8분

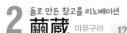

디저트도
곁들여진다!

1. 테이블석 메인이지만 나 홀로 손님도 많다.
2. 2층 갤러리는 작품전이 없을 때는 해먹 스페이스로
3,4. 계절의 야채와 생선, 오곡밥과 현미 중에서 고를 수 있
   는 밥, 된장국으로 구성된 밥상과 식후 디저트가 있는
   마유 밥상 2000엔

헬시한
자신에게 주는
선물 런치♥

고양이산(猫神)부터
고슈인(御朱印)까지
주목!

1. 배전(拜殿)의 천장에는 운룡도(
   雲龍図)가 그려져 있다.
2. 구(舊) 오메카이도(青梅街道)에
   인접한 토리이(鳥居)
3. 슷페(酢平☆) 씨의 도장이 들어
   간 고슈인이 손에 들어온다.

3 14:00
드라마와 영화의 촬영지로 등장
住吉神社
스미요시 신사

90% 나홀로정도

니노토리이(二の鳥居)의 옆에 에비스 고양이님(恵
比寿猫様)과 다이코쿠텐 고양이님(大黒天猫様)이
진좌하여 상업 번성의 은혜가 있는 것으로 유명한
신사. 영화 "치하야후루(ちはやふる)"의 촬영지도 되
었다.

Map P.116-C1 오메(青梅)

🏠 오메시 스미에초 12 ☎0428-22-2747 🕐참배 자유
🚃 JR 오메역에서 도보 4분

✉ '마유구라' 는 지역 작가의 절화와 근처에서 수확한 신선한 야채 등의 판매 코너도 있습니다. (도쿄도·우멧코)

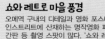

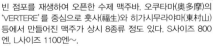

나 홀로 TIPS

구(舊) 오메카이도(青梅街道) 근처의 레트로 노포가 많이 남아 있어 산책에 좋다. 활동파는 JR 오메선 근처의 술 창고 견학과 미타케산(御岳山) 하이킹도 좋다.

쇼와 레트로 마을 풍경

오메역 구내의 디테일과 영화 포스터, 메인스트리트에 산재하는 명작영화 패러디 간판 등 촬영 스팟이 많다. '쇼와 레트로 상품 박물관'과 별관 '쇼와 겐토칸(幻燈館)' 견학도 필수!

개성적인 간판(다수)

고양이 좋아하는 사람은 반드시 봐야 합니다♪

青梅駅 오메역

旧青梅街道 구 오메 카이도

東青梅駅 히가시오메역

昭和レトロ商品博物館 쇼와 레트로 상품 박물관

秋川街道 아키카와 카이도

타마의 좋은 물로 완성한 맛있는 맥주

질 좋은 컬러풀 우산

4

텐포연간(天保年間, 1831~1845년) 에 창업한 우산 전문점 **14:30**

ホテイヤ傘店
호테이야 우산점

80%
나 홀로 지수

현재는 9대 점주 아라이(荒井) 씨가 풍부한 전문지식으로 우산에 관련된 상담과 문의를 받고 있다. 접는 우산부터 수작업 우산 등 폭넓게 갖추어 에도시대(江戸時代, 1603~1868년)부터 계속되는 무료 각인 서비스도.

Map P.116-C1 오메(青梅)

🏠 오메시 혼초 142 ☎0428-22-3214 ⏰9:30~18:00
🗓월 🚉JR 오메역에서 도보 3분

충실한 서비스

뼈대가 가지런하면 오케 간다.

1. 고양이 모티프의 우산 1만 9440엔
2. 유럽의 미술관을 생각하게 하는 우산 2만 3100엔
3. 인기 있는 파라지엔 무늬 2만 3100엔
4. 올바른 우산 접는 법을 강의. 우산의 살 끝을 모으고 오른손으로 쥐고 왼손을 부드럽게 대고 접는 선에 맞춰 둥글게 만다.

5

타마(多摩) 지역의 맥주가 모여있는 **15:00**

青梅麦酒
오메 맥주

60%
나 홀로 지수

빈 점포를 재생하여 오픈한 수제 맥주바. 오쿠타마(奥多摩)의 'VERTERE'를 중심으로 훗사(福生)와 히가시무라야마(東村山) 등에서 만들어진 맥주가 상시 8종류 정도 있다. S사이즈 800엔, L사이즈 1100엔~.

Map P.116-C1 오메(青梅)

🏠 오메시 혼초 145 ☎050-3503-7727 ⏰10:00~20:00
🗓비정기 휴무 🚉JR 오메역에서 도보 3분

1. 왼쪽부터 Distant Shores Brewing의 'Nottingham Pale Ale', Far Yeast Brewing의 '도쿄 화이트', VERTERE의 'Idea'
2. 휴식시간 없는 계속 영업이므로 낮술 1잔 하는 즐거움도 있다.
3. 탭에서 신선한 맥주를 따른다.

건치도 합니다!

압도적 절경을 만나는 섬 여행!
니지마에서 1박 2일 은둔

도심에서 약 2시간 반이면 도착하는 도쿄의 섬들. 코발트블루의 바다와 여유로운 공기에 힐링되어 마음과 몸을 충전하는 플랜을 안내.

흰 벽의 타워와 파란 하늘이 최고의 절경!

TOTAL 1박 2일

니지마 산책

DAY 1 TIME TABLE
- **12:30** 하부시우라 해안
  ↓ 자전거 10분
- **13:00** 사카에 초밥
  ↓ 자전거 15분
- **14:00** 하부시우라 전망대
  ↓ 자전거 15분
- **16:00** 유노하마 노천 온천
  ↓ 자전거 10분
- **18:00** 잇폰마츠 식당

DAY 2 TIME TABLE
- **8:00** 카지야 베이커리
  ↓ 자전거+도보 1시간 50분
- **10:30** 이시야마 전망대

DAY 1

1 12:30
니지마의 랜드마크 같은 존재

羽伏浦海岸
하부시우라 해안

70% 나 홀로 섬도

새하얀 트윈타워 '메인게이트'가 입구 정면에 있고, 남북으로 약 7km 있는 백사(白沙) 해안. 파도가 높아 서핑 명소로 인기 높은 스팟.

🚗 니지마항에서 차로 10분

1. 메인게이트의 양옆에는 전망 스페이스가 있다. 여름철에는 라이프가드가 상주
2. 모래사장과 바다의 콘트라스트가 아름답다.

나 홀로 TIPS

볼거리와 할 게 많고, 자전거로 돌 수 있다. 레스토랑과 숍은 영업시간을 확인하여 예정을 짜자.

전갱이와 참돔 두 소재는 3종류

2 창업 약 50년의 노포

栄寿司
사카에 초밥

60% 나 홀로 섬도

13:00

1. 카운터석도 있다.
2. 간장에 절인 환살생선에 겨자를 얹은 섬 초밥(2200엔)을 가장 추천

지역 사람들에게 사랑받는 초밥집으로, 카운터석이 있으므로 나 홀로 손님도 들어가기 쉽다. 제철 생선을 사용한 섬 초밥을 맛볼 수 있다.

🏠 니지마무라 혼손 5-2-9
☎ 04992-5-1539
🕐 11:00~소재가 없어지면 종료,
18:00~20:30 (L.O. 19:00)
🚫 비정기 휴무
🚗 니지마항에서 차로 5분

3 박력 있는 파노라마를 맘껏 찍자

羽伏浦展望台
하부시우라 전망대

14:00

신도쿄 백경(新東京百景)에 뽑힌 전망대. 하부시우라 해안의 북단에 위치하여 새하얀 절벽이 계속되는 시로ママ단애(白ママ断崖)와 메인게이트까지 해안 전경을 볼 수 있다.

🚗 니지마항에서 차로 12분

80% 나 홀로 섬도

平成新島トンネル
헤이세이니지마터널

니지마항
新島港
新島空港
니지마공항

도심에서의 액세스

🚢 **배**
도쿄키센(東京汽船)의 제트선으로 타케시바산바시(竹芝桟橋)에서 약 2시간 20분
운임: 편도 9000엔대~ (계절에 따라 변동 있음)

✈️ **비행기**
초후(調布)비행장에서 직행편으로 약 40분(1일 2~4편)
운임: 편도 1만 4400엔

 +1일로 아일랜드 호핑도!

시키네지마(式根島)
컴팩트한 섬에서 자전거로 유람 가능. 천연 온천을 즐길 수 있는 것도 매력.

코즈시마(神津島)
바위로 만들어진 아카사키유호도(赤崎遊歩道)와 텐조산(天上山) 등 사진 찍기 좋은 스팟이 다수.

調布飛行場
東京
竹芝桟橋
横浜 横須賀
초후 비행장
40분
2시간 20분
新島 니지마
式根島
神津島
시키네지마
코즈시마

✉️ 혼자서 니지마→코즈시마→시키네지마를 여행하였습니다. 어떤 섬이라도 자전거를 빌리면 1~2일에 돌 수 있습니다. (오사카부·미도리)

4 니지마의 특산품 항화석(抗火石)으로 만들어진 온천
湯の浜露天温泉 16:00
유노하마 노천 온천

70%
나 홀로 정도

고대 그리스를 생각나게 하는 건조물이 트레이드마크인 노천
온천. 24시간 언제나 무료로, 크고 작은 6개의 노천탕과 족탕
에 잠길 수 있다. 섬의 서쪽에 있으므로 아름다운 저녁놀을 놓치지 말자.

⏰24시간　🏠연중무휴　🚶니지마항에서 도보 5분

개방적이어서 기분이 좋다!

1. 수영복 착용 필수이므로 반드시 지참하자
2. 아래에서 올려다보듯 촬영하면 박력이 증가
3. 남녀 별도 탈의실과 유료 온수 샤워, 코인라커를 갖
　추었다.

니지마의 명산품을 잔뜩 먹자!

1. 니지마의 특산품인 명
　일엽(明日葉)을 사용한
　명일엽 튀김 메밀국수
　850엔
2. 점내에는 테이블석과 좌
　식석이 있어 편안하게
　지낼 수 있다.

니지마

5 니지마 공항에 가까워 이용하기 쉽다
一本松食堂 18:00
잇폰마츠 식당

80%
나 홀로 정도

민박 '잇폰마츠'가 2020년에 오픈한 정식
식당. 명일엽 튀김 메밀국수 · 우동, 정식,
기간 한정 지역생선 정식을 먹을 수 있다.
디저트인 빙수와 니지마블루도.

🏠니지마무라 카와라 204　☎04992-5-1808
⏰11:30~13:30, 17:30~21:00　🏠화　🚗니지마항에서 차로 5분

관광객도 대환영입니다!

1. 눈 아래에 이웃한 시키네지마와 코즈시마를
　바라볼 수 있다.
2. 항화석으로 만들어진 모아이 석상이 전망대
　에서 맞이해 준다.

섬에 산재하는
모아이 석상을
찾아보자!

DAY 2

6 8:00
라인업 풍부한 인기 빵집
かじやベーカリー
카지야 베이커리

90%
나 홀로 정도

반찬빵부터 단팥빵과 멜론빵 등 과자
빵까지 상품 종류가 풍부한 베이커리.
섬 외부의 주문도 많아 항상 관광객으
로 붐빈다.

🏠니지마무라 혼손 1-8-6　☎04992-5-0179
⏰7:00~18:30　🏠화　🚗니지마항에서 차로 5분

아침부터
활기차게
영업 중입니다!

1. 음료도 판매하고 있다.
2. 생선튀김과 햄버거, 소
　세지 등 반찬빵이 늘
　어서 있다.

7 이즈제도(伊豆諸島)를 바라볼 수 있는 절경을 만나는
石山展望台 10:30
이시야마 전망대

80%
나 홀로 정도

항화석 채굴장을 바라보고 약 1시간
반의 트레킹을 즐기면서 전망대를 향
해. 걷기 쉬운 신발과 음료를 잊지 말
고 가지고 가자.

🚗니지마항에서 차로 20분

섬 안에서 이동

🚌 **노선버스**
혼손집락(本村集落)에서 북부의 와카고집락(若郷
集落)까지는 촌영(村営) 후레아이 버스가 순회. 1일
편수는 3편뿐.

🚗 🚲 **렌트카 & 렌탈 사이클**
혼손집락에서 렌트할 수 있는 곳이 다수 있다. 이시야
마 전망대까지 간다면 렌트카가 더 좋다.

숙소는 어떻게?

🏨 **여관**
혼손 주변에 많이 있는데, 예산은 숙박만 하면
5000~6000엔 전후이고, 아침저녁식사 제공하면
8000엔~이 대략적 기준.

🏠 **게스트하우스**
멋지고 부담 없는 게스트하우스가 조금씩 늘고 있
다. 개별룸으로 프라이버시가 유지되므로 안심.

럭셔리 스테이 성취
솔로 여행에 딱 맞는 클래식 호텔

나 홀로 여행은 물론 근처 스테이케이션(
추천하는 숙소를 소
우아한 클래시컬 호텔과 거리 전체
즐길 수 있는 도회의 부티크 호텔을 워싱

유러피안 클래식에 설렘
東京ステーションホテル
도쿄 스테이션 호텔

나 홀로 정도 70%

Check!
호텔
산책도 즐겁다.

1, 2. 길이 300m가 넘는 복도와 돔에 면한 발코니에
는 예술작품과 자료 전시. '관내 투어 가이드'를
들고 산책하자

일찍 체크인해서
두문불출 스테이

방에서 보는
경관도 최고!

Room

Check!
사랑스러운
방에 심쿵

3. '돔 사이드 컴포트 킹'에서는 돔을 가까이서 볼 수 있다.
4. 1인용 소파에서 여행 예정 체크
5. 책상 위의 미니 원고용지에 여행 감상을 쓰는 즐거움도

1915년, 도쿄역 마루노우치 역사(驛舍) 안
에 탄생하여 마츠모토 세이초(松本清張)와
카와바타 야스나리(川端康成) 등 대문호에
게 사랑받았다. 역사(驛舍)는 중요문화재로
도 지정되어 복구를 거쳐 창건 당시의 사진
을 이용하여 복원된 돔과 외벽의 붉은 벽돌
은 꼭 봐야 한다.

Map P.120−B1 　마루노우치(丸の内)

🏠 치요다구 마루노우치 1-9-1
☎ 03-5220-1111 ⏰ IN 15:00/OUT 12:00
💰 돔 사이드 컴포트 킹 1실 6만 2385엔~
🛏 150실 　🅿 있음
🚃 JR 도쿄역 마루노우치 남쪽 출구 직결

Restaurant & Bar

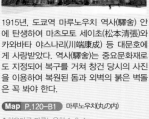

Check!
혼자 주문해
되는 것이 기본

1. 아침밥의 작은 반찬 뷔페는 지
붕 밑의 '아트리움'에서
2. 애프터눈 티 6480엔~
3. 바 '카멜리아'에서는 혼자서 코
스요리를 먹을 수 있다.

✉ "도쿄스테이션 호텔" 에 숙박. 멋진 가구에 둘러싸인 방을 만끽하고 기분이 좋아졌습니다. (후쿠오카현 · 마미)

90%
나 홀로 지수

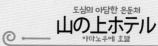

Check!
디테일이
아름다운 관내

1,2.아르 데코 양식(→P.87)의 건물은 계단에 깔린 타일부터 천장의 스테인드글라스까지 마치 미술관 같다.
3,4.세련된 가구들이 모여있는 로비. 안쪽에 있는 '호텔숍 힐탑'에서는 케이크와 오리지널 굿즈를 구입할 수 있다.

Room

들어박혀
작업하기!

Check!
푹 파묻힐 수 있는
디럭스 싱글룸

5.로고가 들어간 열쇠와 주름식 편지지
6,7.심플하고 청결감 있는 '디럭스 싱글룸'. 집필용 책상에서 글쓰기와 작업도 가능

레이아웃이 모두 다른 35개 방의 호텔. 근처에 출판사와 서점가가 있어서 옛날에도 지금도 작가들이 들어박혀 작업하는 단골 숙소로도 알려져 있다. 한 발 들여놓으면 관내의 충실한 레스토랑과 쾌적한 방에서 혼자라도 안심.

Restaurant & Bar

Check!
레스토랑이
7곳 있다.

철판구이와 튀김, 팔러, 바까지 모두 7곳이 호텔 안에 있으므로 두문불출하면서 베리에이션 풍부한 음식을 즐길 수 있다.
→ P.50

1,2.인테리어에 설레는 '커피 팔러 힐탑'.
3. 푸딩, 계절 과일, 아이스, 백조 슈크림이 올려진, 복원된 디저트 '야마노우에 호텔의 푸딩 아라모드'(1800엔). 콜드 브루 커피(1000엔)와 함께

Map P.119-A3 오차노미즈(御茶ノ水)

⌂ 치요다구 칸다스루가다이 1-1
☎ 03-3293-2311
🕐 IN 14:00/OUT 12:00
💴 1실 2만 3190엔~ (세금·서비스료 포함)
🛏 35실 있음
🚉 JR 오차노미즈역 오차노미즈바시 출구에서 도보 5분

'야마노우에 호텔'은 호텔 공식사이트에서 예약하는 다양한 특전이 제공되는 플랜을 고를 수 있다.

特別室で過ごす優雅な時間

ホテルニューオータニ (東京)
エグゼクティブ ハウス 禅
호텔 뉴오타니(도쿄) 이그제큐티브 하우스 젠

60%
나홀로서울

Lounge

Check!
1일 6회의
푸드
프레젠테이션

Spa

사우나와 실내 풀장, 체육관, 슈 퍼트리트먼트 살롱을 완비한 '골 든 스파 뉴오타니'. 체재 중에는 무료로 입장 가능

그야말로 선(禪)을 느낀다!

1. 조식부터 야식까지 테마가 바뀌는 가벼운 식사를 뷔페 형식으로 1일 6회 제공하는 절경 라운지
2. 애프터눈 티 시간에는 '파티스리 SATSUKI'의 작은 케이크와 마카롱 등을 먹을 수 있다.
   ※메뉴 내용은 계절에 따라 다르다.

Room

3. '잇포도(一保堂)'의 일본차는 웰컴디저트와 함 께 먹고 싶다.
4. 3타입의 방은 먹과 대나무, 전통색을 사용한 일본풍의 현대식 디자인

Check!
개방감 있는
이그제큐티브
디럭스룸

Garden

400년의 역사를 가지고, 에도성(江戸城) 외호(外濠)에 둘러싸인 지천회유식(池泉回遊式), 중앙에 있는 연못 주위를 돌며 관상의 일본정원, 밤의 라이트업과 사계절마다의 경치도 아름답다.

본관 더 메인은 11, 12층에 위치하는 총 87실의 '이그 제큐티브하우스 젠'은 체크인 후의 체재를 전임 컨시어 지가 서포트. 아침식사는 물론 샴페인을 한손에 들고 호텔의 가벼운 식사를 즐길 수 있으므로 나 홀로 스테이도 추천.

Map P.119-B3 아카사카(赤坂)

🏠 치요다구 키오이쵸 4-1
☎ 03-3265-1111 🕐 IN 14:00/OUT 12:00
💰 이그제큐티브하우스 젠 1실 7만 3000엔~ (1실 2명 이용 시의 1실)
🛏 87실 (이그제큐티브하우스 젠) 📶 있음
🚇 지하철 나가타초역 7번 출구에서 도보 3분

Restaurant & Bar

Check!
관내의 숍
& 레스토랑은
30곳 이상!

1. 카페와 베이커리도 충실하다.
2. 호텔을 대표하는 '파티스리 SATSUKI'의 신(新) 엑스트라슈퍼 멜론 쇼트케이크는 머스트!

✉ '뉴오타니'의 신(新)엑스트라슈퍼 멜론 쇼트케이크는 자신에 대한 선물로 샀습니다! (도쿄도·마이)

デザイナーズ &ブティック ホテル
디자이너스 & 부티크 호텔 ↘

1. 욕조와 레인샤워, 고품질의 목욕 어메니티가 갖춰진 '프리미엄룸 킹' 3만 3000엔이다.
2. 1층에는 컨셉 스토어가 있다.

신주쿠의 빌딩이 보인다~!

Check!
나 홀로 손님도 지내기 쉬운 쾌적한 룸

ᵶᵶᵶ

나 홀로 여행에서 호텔을 고르는 요령

● 관내 산책도 즐길 수 있다.
관내의 아트와 호텔의 고층에서 보이는 야경, 숍 순례도 할 수 있는 것이 기쁘다.

● 거리 걷기도 즐길 수 있는 지역 고르기
이번에 소개하는 신주쿠, 오모테산도, 긴자는 모두 볼거리가 가득해 산책이 즐겁다.

● 레스토랑이 충실하다.
호텔의 레스토랑은 혼자서도 들어가기 쉽다. 기분에 따라 고르면 더욱 좋다.

Restaurant
계절에 따라 바뀌는 애프터눈 티를 혼자라도 주문 가능한 '디스트리트 브라스리 바 라운지'와 카페와 인바의 '더 존스 카페 & 바'가 있다.

스타일리시하고 멋진 공간
キンプトン新宿東京
킴튼 신주쿠 도쿄

90% 나홀로적도

2020년에 상륙한, 샌프란시스코에서 탄생한 럭셔리 라이프스타일 호텔. 현대적인 인테리어와 아트, 일본식과 서양식이 혼합된 객실 등 NY 스타일의 디자인이 매력.

Map P.118-B2 신주쿠(新宿)
⌂ 신주쿠구 니시신주쿠 3-4-7
☎ 03-6258-1111
⏱ IN 15:00/OUT 11:00
💴 1실 2만 5000엔~(세금·서비스료 포함. 1박 1명 이용 시 숙박만 하는 요금)
🛏 151실 🅿 있음
🚃 JR 신주쿠역 남쪽 출구에서 도보 12분

Check!
테산도~가이엔 에(外苑前)를 눈에 볼 수 있는 로케이션

호텔 전체가 아트 공간으로
アロフト東京銀座
알로프트 도쿄 긴자

70% 나홀로적도

엘리베이터홀부터 옥상의 루프탑까지 최신 디지털 기술을 사용한 미디어아트가 가득. 객실은 전부 5타입.

Map P.120-C2 긴자(銀座)
⌂ 추오구 긴자 6-14-3 ☎ 03-6278-8122
⏱ IN 15:00/OUT 12:00 💴 1실 1만 8000엔~
🛏 205실 🅿 없음
🚃 지하철 히가시긴자역 A1 출구에서 도보 2분

1. '알로프트 스위트'의 베드룸
2. 로비 천장의 미디어아트
3. 다이닝 'The WAREHOUSE'의 아침식사

아오야마의 핫한 랜드마크
THE AOYAMA GRAND HOTEL
더 아오야마 그랜드 호텔

80% 나홀로적도

미드센트리 스타일의 방과 5개의 레스토랑을 가지고 있는 도회풍 호텔. 숙박자 전용 피트니스룸도 있다(완전예약제).

Map P.122-A2 가이엔마에(外苑前)
⌂ 미나토구 아오야마 2-14-4
☎ 03-6271-5439 ⏱ IN 15:00/OUT 13:00
💴 1실 6만 7000엔~(세금·서비스료 포함, 숙박세 별도)
🛏 42실 🅿 있음 (예약제)
🚃 지하철 가이엔마에역 3번 출구에서 도보 3분

1. '스탠다드 퀸'에서는 시티뷰를 볼 수 있다.
2. ㄷ자 모양 카운터에서 일식을 먹을 수 있는 'SHIKA-KU'
3. 올데이 다이닝 'THE BEL COMO'

Check!
아트를 경험하는 것도 즐겁다!

練馬区

豊島区

B ahsin hair roc 池袋店 P.79

P.124 グランドシネマサンシャイン 池袋

P.72 IKE・SUNPARK

中野区

東京都

JR中央線

C アール座読書館 P.61

杉並区

早稲田大学 国際文学館 (村上春樹ライブラリー) P.38

新宿区

ラニー スクール P.48

新宿 P.120

都庁

キンプトン新宿東京 H P.115

坊主バー P.69

fuzkue初台 C P.61

表参道・渋谷・恵比寿・中目黒 P.122

3S ジブンサウナ

富ケ谷・代々木上原 P.123

下北沢 P.123

渋谷区

Aerial Yoga Studio MANA P.27

An Com P.54

FIKAFABRIKEN C P.107

三軒茶屋 P.123

豪徳寺 P.107

世田谷区

東京都庭園美術館 P.87

目黒区

P.66 ホテル雅叙園東京 H
P.24 薬師寺東京別院

東京

二子玉川駅

都立大学駅

西小山駅

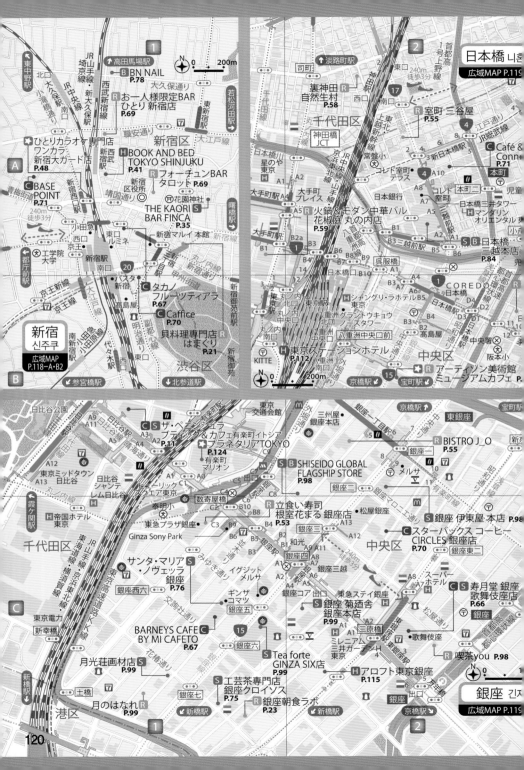

新宿 (B)

- ↑ 高田馬場駅
- JR埼京線
- JR山手線
- JR中央線
- B BN NAIL P.78
- ↑ 東中野駅
- 大久保通り
- 小滝橋通り
- 新大久保駅
- 西武新宿線
- 大久保通り
- 若松河田駅
- 東新宿駅
- お一人様限定BAR ひとり新宿店 P.69
- 職安通り
- 新宿区
- 大江戸線
- 🏠 ひとりカラオケ専門店 ワンカラ 新宿大ガード店 P.48
- 西武新宿駅
- 新宿通り
- 花園神社
- BOOK AND BED TOKYO SHINJUKU P.41
- 新宿区役所
- 靖国通り
- フォーチュンBAR タロット P.69
- S 花園神社前
- 青梅街道
- C BASE POINT P.71
- 240m 徒歩3分
- 小田急
- 新宿駅
- 京王
- 西口
- 東口
- 新宿三丁目駅
- 丸ノ内線
- THE KAORI BAR FINCA P.35
- 🏠 工学院大学
- 都庁前駅
- 京王新線
- 京王線
- 大江戸線
- 7
- 新宿ルミネ
- 新宿マルイ本館
- 三菱
- 20
- タカノ フルーツティアラ P.67
- 甲州街道
- 新宿御苑前駅
- 新宿御苑
- C タカノ フルーツティアラ P.67
- C Caffice P.70
- 南新宿駅
- 京王線
- 小田急線
- 西口
- 東口
- 貝料理専門店 はまぐり P.21
- 副都心線
- 明治通り
- 新宿御苑
- 渋谷区

新宿 신주쿠
広域MAP P.118-A・B2

- ↓ 参宮橋駅
- 代々木駅
- ↓ 北参道駅

日本橋 니혼바시 (2)

- 1 首都高速都心環状線
- ↑ 淡路町駅
- 司町
- 東口 240m 徒歩3分
- JR総武線
- 江戸通り
- R 室町 三谷屋 P.55
- 裏神田 自然生村 P.58
- 千代田区
- 西口
- 東口
- 17
- 神田橋 JCT
- JR中央・総武線
- 常盤小
- コレド室町 テラス
- 本町
- C Café & Conn P.71
- 日本橋川
- 星のや 東京
- A1
- A2
- コレド室町 ノースタワー
- コレド室町二
- 本町二
- 大手町駅
- 大手町 プレイス
- 大手町 A4
- 日本銀行
- コレド 室町
- 本町二
- 児童
- 日本橋三井タワー
- H マンダリン オリエンタル 東京
- 火鍋&モダン中華バル 花椒庭 丸の内店 P.59
- B2a
- B3
- 八重洲高速
- B3 三越前駅
- A2 A1
- S 日本橋 三越本店 P.84
- B1
- 1
- B8
- B7
- B6
- B5
- 呉服橋
- 14
- 日本橋口
- B10
- A1
- 1
- A4
- B3
- A6
- C O R E D O 日本橋
- A5
- 東京駅
- 京葉線
- 東京
- B2
- シャングリ・ラ ホテル B5
- R
- 丸ノ内 北口
- 丸ノ内 中央口
- 八重洲 グランルーフ
- 八重洲 グランウキョウ ノースタワー
- S 日本橋
- D2
- D1
- B4
- A7
- 日本橋
- 中央区
- 京葉線
- 八重洲中央口前
- B2
- 髙島屋
- 和田
- 中央署
- H 東京ステーションホテル P.112
- H シャングリ・ラ ホテル
- KITTE
- 八重洲 南口
- 八重洲中央口
- 🏛 アーティゾン美術館 ミュージアムカフェ
- ↓ 京橋駅
- ↓ 宝町駅
- 15

日本橋 니혼바시
広域MAP P.119

銀座 긴자 (C)

- 日比谷公園
- 東京 交通会館
- A9
- A11
- 日比谷駅
- A3
- 三州屋 銀座本店
- 銀座一丁目駅6
- 東銀座
- ザ・ペニンシュラ ブティック&カフェ有楽町イトシア P.11
- BISTRO J_O P.55
- 千代田区
- 東京ミッドタウン 日比谷
- A13
- 日比谷 シャンテ
- レム日比谷
- プラネタリア TOKYO P.124
- 有楽町 マリオン
- メルサ
- 銀座一
- 霞ケ関駅
- A12
- ヒューリック スクエア東京
- S SHISEIDO GLOBAL FLAGSHIP STORE P.98
- 銀座二
- 有楽町マロニエ通り
- H 帝国ホテル 東京
- 数寄屋橋
- 泰明小
- C7
- C9
- 銀座三
- 松屋銀座
- S 銀座 伊東屋 本店
- JR山手線・東海道線・京浜東北線・横須賀線
- 数寄屋橋
- B10
- B8
- R 立食い寿司 根室花まる 銀座店 P.53
- 銀座三
- 和光
- A9
- C スターバックス コーヒー CIRCLES 銀座店 P.70
- 銀座三越
- 銀座東二
- 東急プラザ銀座
- C3
- B9
- B6
- B5
- 銀座駅
- A11
- 中央区
- Ginza Sony Park
- サンタ・マリア・ノヴェッラ 銀座 P.76
- みゆき通り
- イグジット メルサ
- A4
- 銀座三越
- A7
- A6
- 東急ステイ銀座
- S 寿月堂 銀座 歌舞伎座店 P.66
- 千代田区
- 銀座西六
- ギンザ コマツ
- 銀座五
- 銀座コア出口
- A2
- スーパーホテル
- A8
- 松屋通り
- S 銀座
- 東京電力
- 新幸橋
- BARNEYS CAFE BY MI CAFETO P.67
- 15
- S Tea forte GINZA SIX店
- 銀座六
- S 銀座 菊廼舎 銀座本店 P.99
- 東急ステイ銀座
- 歌舞伎座
- R 喫茶you P.98
- 港区
- 月光荘画材店 P.99
- 花椿通り
- 工芸茶専門店 銀座クロイソス P.75
- ミレニアム 三井ガーデンH 東京
- 銀座
- 新橋駅
- 月のはなれ P.99
- 銀座七
- H アロフト東京銀座 P.115
- 銀座朝食ラボ P.23
- 京橋駅

銀座 긴자
広域MAP P.119

Map content (as labeled)

1 | **2**

参宮橋駅↑

小田急小田原線

代々木八幡神社 ㊞

明治神宮御苑

南池

明治神宮ミュージアム

↑代々木駅

北参道駅

東郷神社

THE AOYAMA GRAND HOTEL **P.115**

ラグビー場

秩父

ラグビ

富ケ谷・代々木上原 P.123

代々木公園駅

南1

千代田線

南門

代々木公園

渋谷門

太田記念美術館 **P.89** ★

神宮橋

原宿駅 表参道口

竹下口

ラフォーレ原宿

ワタリウム美術館

南青山

A

富ケ谷

渋谷区

エリックサウス マサラダイナー 神宮前 **P.124**

NHKホール

明治神宮前駅

神宮前

東急プラザ

神宮前小

表参道ヒルズ

伊藤病院

b-mons AOYAM

富ケ谷三

富ケ谷

P.70 森の図書室 C

渋谷区役所 ◎

The Label Fruit **P.10**

立喰鮨 R

銀座おのでら本店 **P.53**

AMAM DACOTA 表参道店 **P.100**

リナストアズ **P.100**

P.59

BOILING POINT R

JR山手線

MIYASHITA PARK ★

Flash Coffee 表参道店 **P.10**

Medicha

Mikkeller Tokyo R **P.101**

東急 Bunkamura

渋谷 PARCO

FREEMAN CAFE C **P.70**

青山学院大

薬膳レストラン10ZEN 青山

名曲喫茶ライオン C **P.60**

文化村通り

宮益坂上 246

R EMMÉ WINE BAR **P.64**

R ふれんち御膳 Mono-bis **P.56**

P.101 挽肉と米 渋谷店 R O-WES

道玄坂

渋谷駅

渋谷ヒカリエ

渋谷

ひとりしゃぶしゃぶ 七代目 松五郎 宮益坂上店

神泉駅

渋谷マークシティ

中央口駅

西口

首都高3号渋谷線

港

渋谷 東急フードショー S **P.101**

東急プラザ

新南口

+ SPBS 渋谷スクランブルスクエア店 **P.101**

東京女学館 中・高

渋谷

246

桜丘町前

山手通り

明治通り

並木橋

常磐松小

國學院大

鉢山町交番前

AKUBI R **P.59**

乗揚寺

改良湯 **P.83** 広尾中

山種美術館

菅刈小

OFFICINE UNIVERSELLE BULY 代官山本店 **P.77**

渋谷川

広尾高

ベルギー大使館

240m 徒歩3分

菅刈公園

西郷山公園

第一商高

リビア大使館

西口

広尾小

恵比寿プライムスクエア

室泉寺

東北寺

Karunakarala B **P.78**

代官山アドレス

正面口

代官山駅

渋谷橋

ドシー 恵比寿 B H **P.102**

VERMICULAR HOUSE S R **P.102**

青葉台一

長谷戸小

みずほ

Antonic R **P.103**

東山一

台所漢方 B S **P.74**

東京音楽大

恵比寿南

恵比寿駅

TRAVELER'S FACTORY S 中目黒 **P.103**

鎗ヶ崎

出口

駒沢通り

ダカフェ 恵比寿店 C **P.102**

恵比寿南一

しゃぶしゃぶれたす 中目黒本店 R **P.103**

目黒区

中目黒駅

中目黒立体交差

釜元たん米衛 恵比寿店 R **P.56**

wine@EBISU S **P.68**

東京共済病院

東急東横線

祐天寺駅

目黒区役所

中目黒公園

右下ボックス

表参道・渋谷・
恵比寿・中目黒

오모테산도 · 시부야 ·
에비스 · 나카메구로

広域MAP P.118-B・C2

N 0

122

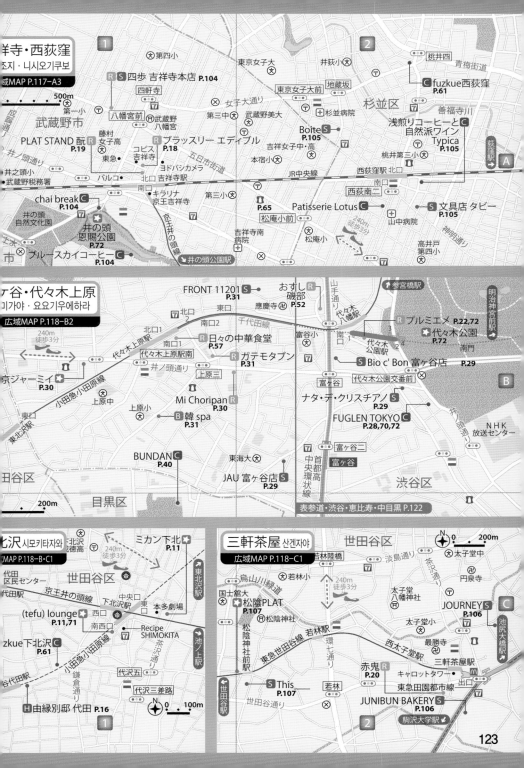

더욱 저렴하고 쾌적하게!

나 홀로 산책을 즐기는 유익한 정보

나가기 전에 체크하자!

솔로 환영 레스토랑과 집에 있는 시간을 만끽하는 아이템, 나 홀로 여행의 예약 & 교통정보까지, 편집부가 발견한 테크닉 & 아이디어를 소개!

Technique 01 아직 많은 발견! 나 홀로 메뉴 & 나 홀로 좌석

나 홀로 전골, 혼술, 카운터 한정...
나 홀로 손님 친화적인 점포가 계속 증가 중!

디너 한정!

80% 나 홀로 정도

카운터석 한정 나 홀로 손님 메뉴

エリックサウスマサラダイナー 神宮前
에릭사우스마사라 다이너 진구마에

남미구 카레 점포. '버라이어티 플레이트' (1628엔)는 고를 수 있는 카레 2종류와 치킨 비리야니(하프), 로티, 토마토 처트니 등을 먹을 수 있는 최고의 플레이트.

Map P.122-A1 시부야(渋谷)

- 시부야구 진구마에 6-19-17 GEMS진구마에 5F
- ☎03-5962-7888
- ◎11:30~15:00(L.O. 14:30), 17:30~22:00(L.O. 21:00), 일·공휴 ~22:00(런치 L.O. 14:30, 디너 L.O. 21:00)
- 수
- JR 시부야역 하이코 출구에서 도보 8분

명궁명궁 모츠나베

일본 국산소 소장(小腸) 100% 사용

博多もつ鍋やまや
하카타 모츠나베점 마야

70% 나 홀로 정도

'나 홀로 손님 한정 하카타 모츠나베 코스' (1800엔)는 간장맛과 된장맛 중 고를 수 있고 원하는 토핑도 가능. 마무리로 짬뽕면 제공.

나 홀로 메뉴 & 나 홀로 좌석이 있는 주요 점포

유락초점 · 교바시 에도그랑점 · 오사키 브라이트 타워점 · 아카사카 인터시티 AIR점 · 오차노미즈 와테라스점 · 이다바시 사쿠라테라스점 · 토요스점

맘껏 마시자!

자기 전통 테이블 세팅

焼肉ライク
고기구이 라이크

90% 나 홀로 정도

나 홀로 고기구이 추천점. 나 홀로용 '혼술 시트' (550엔)에서는 테이블에서 따를 수 있는 하이볼과 레몬사와가 60분 무한리필.

나 홀로 전용 시트가 있는 주요 점포

에비스 본점 · 신주쿠 니시구치점 · 시부야 우다가와초(宇田川町)점 · 메구로 히가시구치점 · 우에노점 · 기치조지 미나미구치점

Technique 02 나 홀로 영화 & 플라네타리움은 전용 시트에서 리치한 기분

리얼하고 아름다운 별하늘을 만끽

プラネタリアTOKYO
플라네타리움 도쿄

80% 나 홀로 정도

꿈 같은 기분!

싱글용 시트도 있는 은하시트는 널찍한 시트에 누워 현장감 넘치는 체험을 할 수 있다.

Map P.120-B1 유락초(有楽町)

- 치오다구 유락초 2-5-1 유락초 마리온 9F ☎03-6269-9952
- ◎10:30~22:00 (티켓 구입 ~21:00)
- 플라네타리움 은하시트 (싱글) 2100엔~ 연중무휴
- JR 유락초역 중앙 출구에서 도보 1분

4종류의 시트를 갖춘

グランドシネマサンシャイン 池袋
그랜드 시네마 선샤인 이케부쿠로

70% 나 홀로 정도

맨 뒷줄에 설치되어 있는 '플랫 시트' 는 추가요금 없음. 사이드테이블과 리클라이닝이 부착된 '프리미엄 클라스' (추가요금 1500엔) 등도 있다.

Map P.118-A2 이케부쿠로(池袋)

- 토요시마구 히가시이케부쿠로 1-30-3
- ☎03-6915-2722
- ◎상영 스케줄에 준함 연중무휴
- JR 이케부쿠로역 동쪽 출구에서 도보 5분

Technique 03 나 홀로 테크닉이 충실한 엄선된 4권

"혼술, 혼천, 혼산"
츠키야마 모모, 1540엔, KADOKAWA   Check! → P.18

수준별 혼밥 장소 다수 게재. 도쿄 근교의 온천지와 타카오산(高尾山) 하이킹 정보도.

"솔로 활동 여성 권장"
아사이 마유미, 1540엔, 다이와서방(大和書房)
Check! → P.20

나 홀로 라멘부터 나 홀로 아 풀장까지 난이도별로 다양한 장르의 즐기는 법을 소개.

처음부터 도전!

"시작하자! 솔로 캠핑"   Check! → P.42
모리 후미, 1430엔, 야마토케이코쿠샤(山と溪谷社)

초심자를 대상으로 도구와 준비물, 장비가 갖춰진 장소 및 캠핑을 만끽하는 아이디어가 만재된 한 권.

"외딴 섬 나 홀로 여행"
오하타 준코(大畑順子), 1650엔, 타츠미출판(辰巳出版)

비기너편에서 시키네지마, 코즈시마, 하치조지마(八丈島), 상급자편에서 아오가시마(青ヶ島)와 도쿄의 섬도 많이 소개되어 있다. 섬을 만끽하는 테크닉을 알아보자.

 '야키니쿠 라이크'는 1인 1대의 로스터로 고기구이를 즐길 수 있습니다. 세트도 풍부하고 저렴합니다. (도쿄도 · 미치)

04

혼자 집에 있는 시간을 즐기는 편리 & 놀랍고 유용한 가전

자택에서도 즐겁게!

작은 그릴 고기구이기
참고가격 2480엔(HAC)

가로너비 20cm로 혼자 즐길 수 있는 테이블 고기구이기. 눌어붙지 않는 불소 가공된 플레이트 표면을 노릇하고 맛있게 구워준다.

한 번에 먹기 좋은 크기

Toffy 하프포트 샌드 메이커
참고가격 4950엔(라돈나)

1장의 식빵을 접어서 하프 핫샌드를 만들 수 있는 핫샌드 메이커. 출출할 때도 먹을 수 있는 사이즈.

1인용 핸디 밥솥
참고가격 5280엔(산코)

수증기의 힘으로 밥그릇 2개의 양을 지을 수 있는 소형 밥솥. 휴대도 할 수 있으므로 어디에서든 갓 지은 밥을 먹을 수 있다. 생야채나 된장국 데우기도 가능.

끓여서 그대로 마실 수 있는 '솔로용 머그케틀'
참고가격 5480엔(산코)

테이블에서 끓여 그대로 마실 수 있는 것이 기쁘다. 대용량 350ml로 보온 & 끓이기가 오토타이머 기능 부착. 수프와 라멘도 가능.

05

레스토랑 나 홀로 예약이 가능한 사이트 체크

OZmall
(URL)www.ozmall.co.jp
애프터눈 티와 뷔페 등 '나 홀로 손님 전세 DAY' 플랜이 있다.

TableCheck
(URL)www.tablecheck.com/ja/japan
예약 화면에서 사람 수를 선택할 수 있으므로 나 홀로 이용 가능한지 한눈에 알 수 있다.

잇큐(一休)
(URL)restaurant.ikyu.com
도쿄의 호텔 예약에 추천. 다양한 키워드를 좁혀서 검색할 수 있다.

06

혼자서 짐을 맡길 곳이 없을 때 유용한 정보

●사가와큐빈(佐川急便) 수하물 일시 맡김 서비스
도쿄역·신주쿠 버스터미널·아사쿠사 카미나리몬 서비스센터·도쿄 스카이트리 타운

슈트 케이스뿐 아니라 작은 선물 등도 맡아 준다. 요금은 1개 500~1000엔. 도쿄역은 7:00, 신주쿠 버스터미널은 8:00 오픈.

●도쿄역 그란스타 내의 클로크 서비스 도쿄역
도쿄역 개찰구 내 지하 1층의 그란스타 중앙 부근에 있다. 택배편과 냉장·냉동품도 OK. 8:30~20:30 (당일 맡김은 20:30까지).

●To Locca (URL)www.to-locca.com
짐을 맡아주는 장소를 소개·예약할 수 있는 서비스. 공식 사이트에서 가까운 맡김 장소를 검색해서 예약한다. 요금은 1점 650엔.

●코인라커 내비 (URL)www.coinlocker-navi.com
위치정보 서비스와 GPS 기능을 이용하여 도쿄 내의 각역과 관광지 등에서 가까운 코인라커와 짐 맡길 곳을 검색할 수 있다.

07

도쿄 순례에 저렴한 티켓 Best 3

철도 이동에서 사용할 수 있는 9종류 정도의 저렴한 티켓 중에서도 가장 추천하는 것. ※IC카드와 티켓은 운임이 다릅니다.

Best 1 도쿄 메트로·토에이(都営) 지하철 공통 1일 승차권 900엔

도쿄 메트로의 첫 승차 170엔을 6회, 토에이 지하철의 첫 승차 180엔을 5회 이용하면 본전을 뽑는다!

도심부의 관광 이동에 가장 편리한 지하철 (도쿄 메트로와 토에이 지하철)을 하루 종일 탈 수 있는 티켓. 당일권은 자동발매기에서 살 수 있다.

Best 2 토쿠나이(都区内) 패스 760엔

JR 첫 승차는 140엔, 도쿄-니시오기쿠보 왕복으로 본전을 뽑을 수 있다!

23구 내의 JR보통열차(쾌속 포함)의 보통차 자유석을 하루 종일 탈 수 있다. 사전에 승차 구간이 정해져 있는 경우에 이용하면 좋다. 추오선(中央線)으로 23구 밖의 기치조지역이나 타마지역을 방문하는 경우에는 초과 운임 정산에 주의.

Best 3 도쿄 메트로 24시간권 600엔

도쿄 메트로의 첫 승차 170엔x4회 이용으로 본전을 뽑을 수 있다!

도쿄 메트로를 사용 개시부터 24시간 탈 수 있다. 도쿄 도착이 오후인 경우 등에 최적. 연선(沿線) 시설에서 할인 등이 있는 '치카토쿠' ((URL)chikatoku.enjoytokyo.jp)를 '도쿄 메트로·토에이 지하철 공통 1일 승차권'과 마찬가지로 이용 가능.

할인 특전도!

index

살 곳 · 아름다워질 곳

묵을 곳

도쿄
나 홀로 산책

aruco

초판 1쇄 인쇄 2024년 10월 3일
초판 1쇄 발행 2024년 10월 10일

저　　자　지구를 걷는 방법 편집실(地球の歩き方編集室)
번 역 자　김철용
펴 낸 이　정동명
교　　정　조형진
디 자 인　서재선
인　　쇄　(주)재능인쇄

펴 낸 곳　(주)동명북미디어 도서출판 정다와
주　　소　경기도 과천시 뒷골1로 6 용마라이프 B동 2층
전　　화　02)3481-6801
팩　　스　02)6499-2082
홈페이지　www.dmbook.co.kr / www.kmpnews.co.kr

출판신고번호 2008-000161
ISBN 978-89-6991-047-9
정가 17,000원

aruco TOKYO HITORI SANPO
Copyright ©Arukikata. Co., Ltd.
Original Japanese edition published in 2022 by Arukikata. Co., Ltd.
Korean translation rights arranged with Arukikata. Co., Ltd.
through Korea Copyright Center, Inc., Seoul

Producer : Akiyo Yura
Editor&Writer : ART LOVE MUSIC(Chihiro Mizuno, Yu Kobayashi, Nanako Watanabe), Maro(Ohitorisama。)
Photographers : Asami Endo, Nanako Ono, Atsushi Wake, Naoki Ohoshi, Mio Takenoshita, Tomohito Ishimaru, Yoko Tajiri,
　　Junpei Saito, Kosaku Uehara, Maui Hara, Kirin Sekito, Grupo PICO Co.(Taizo Takei), Asia Land Co.,Ltd., ©iStock
Designers : Yuri Uehara, Yukiko Takeguchi
Illustration : MiyokoMiyoko, Yoko Akaebashi, TAMMY
Maps : Atelier PLAN, ©2020 INCREMENT P CORPORATION & CHIRI GEOGRAPHIC INFORMATION SERVICE CO., LTD.
Proofreading : Kamakura Office
Special Thanks to : JR-EAST, Tokyo Metropolitan Bureau of Transportation, Tokyo Metro, Niijima Village Tourism Association,
　　Momo Tsukiyama, Mayumi Asai, Fuumi Mori, caho, Student Organization mof.(Natsumi Kono, Asuka Shiba)

※ 이 도서의 국립중앙도서관 출판예정도서목록(CIP)은 서지정보유통지원시스템 홈페이지(http://seoji.nl.go.kr)와 국가자료공동
　목록 시스템(http://www.nl.go.kr/kolisnet)에서 이용하실 수 있습니다.(CIP제어번호: CIP)